MANUALI MILITARI

MANUALE
DEL
COMBATTENTE

INDICE

CAPO IX

AUTODIFESA CONTROAEREI

CAPO X

DIFESA PERSONALE

CAPO XI

ORIENTAMENTO

Capo XII

USO DELLA CARTA TOPOGRAFICA

PREMESSA

L'addestramento individuale al combattimento è uno dei fattori che concorrono a conferire ai singoli militari la capacità di operare sul campo di battaglia, nonché ad assolvere compiti di sicurezza ed autodifesa anche in tempo di pace.

L'assimilazione da parte di ciascuno delle nozioni contenute nel MANUALE per il COMBATTENTE costituisce, inoltre, premessa indispensabile, sia per il successivo apprendimento di tecniche e procedimenti con i quali agire in ambienti particolari (boschi, abitati, ecc.), sia per operare inquadrati in unità.

Il MANUALE è destinato a tutti i militari — senza distinzione di Arma, Specialità, Corpo o Servizio — perché, oltre ad accompagnarli durante il periodo trascorso presso i reparti, il suo contenuto diventi "equipaggiamento mentale" atto a garantire loro la sopravvivenza in situazioni di emergenza specie mediante l'acquisizione della capacità di applicare, con carattere di automatismo, i comportamenti che vi sono descritti ed illustrati.

CAPO I
UTILIZZAZIONE dell'AMBIENTE

1. Generalità

L'utilizzazione dell'ambiente si concreta in campo tattico nel muoversi od appostarsi secondo determinate tecniche allo scopo di:
- evitare di essere colpiti dal fuoco delle armi del nemico;
- infliggere all'avversario le maggiori perdite possibili.

Tali tecniche riguardano il mascheramento individuale, lo sfruttamento del terreno ed il movimento.

2. Il mascheramento individuale

a. Il mascheramento individuale si realizza con simulazioni o mimetizzazioni della persona, delle armi e dell'equipaggiamento, per sottrarle all'osservazione a vista, terrestre ed aerea, da parte del nemico.

Ciò che facilita la individuazione di una persona sul terreno è riconducibile ai seguenti elementi:
- il diverso tono di colore
- la lucentezza
- la forma

di quanto essa indossa o trasporta.

Ciascuno di tali elementi deve perciò essere mimetizzato — ovvero modificato con simulazioni — per evitare che agevoli chi osserva.

b. Di giorno è necessario:
- adeguare il colore delle parti scoperte del corpo a quello predominante nel terreno ove si opera specie mediante le apposite creme per il mascheramento da spalmare "a chiazze"

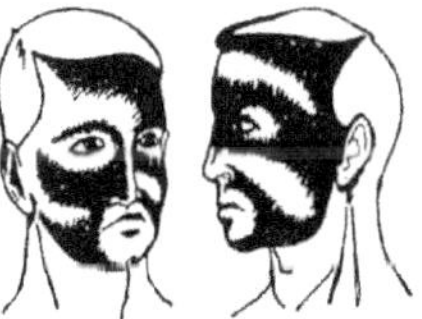

Si può anche usare polvere di cacao, carbone, sughero o legno bruciato.

Per l'uniforme di combattimento e le buffetterie non è necessario, in genere, modificarne il colore perché esso si adatta già al terreno nel quale ne è previsto l'impiego;

— evitare di tenere esposti sulla persona oggetti che riflettano la luce (l'armamento e le parti metalliche dell'equipaggiamento sono già brunite);

— alterare le forme (simulazione) dei materiali d'equipaggiamento e d'armamento per loro natura facilmente identificabili

c. Di notte è necessario oscurare il viso, il collo e le mani (usando le apposite creme, oppure mezzi di circostanza). Inoltre è indispensabile — nel ricorrere alla simulazione per cambiare le forme facilmente identificabili — adoperare lacci e fasciature che non si impiglino in rami o arbusti provocando rumore.

Analogamente, sempre per evitare rumori, è necessario fasciare gli oggetti d'equipaggiamento che, urtandosi tra loro, possono determinare rumori identificabili dall'avversario.

Infine, occorre ricordare che l'avversario può impiegare VISORI allo INFRAROSSO, ovvero VISORI ad INTENSIFICAZIONE di LUCE, e pertanto è indispensabile indossare, anche di notte, uniformi ed equipaggiamenti intonati all'ambiente ove si opera.

3. **I movimenti nel combattimento**

   a. L'effettuazione di movimenti sul campo di battaglia espone il combattente alla vista ed al fuoco nemico. Nel muoversi per portarsi a contatto con l'avversario occorre:
      - occupare posizioni idonee all'impiego della propria arma;
      - sottrarsi agli effetti del fuoco nemico.

   b. Prima di iniziare il movimento occorre osservare e riflettere per individuare:

      - **DOVE** andare

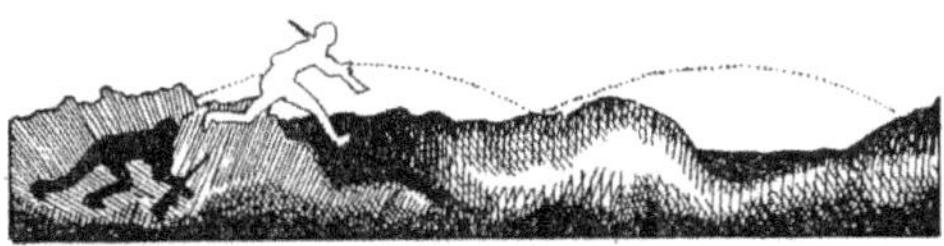

      - **QUALE** percorso utilizzare

      - **QUANDO** muoversi

      - **COME** muoversi

   c. Per il QUANDO muoversi occorre tener presente che il movimento può iniziare:
      - ad un segnale convenuto;
      - su ordine del superiore;
      - su decisione individuale.

   In quest'ultimo caso il momento più opportuno coin-

cide con una (o più di una) delle seguenti situazioni:
- temporanea assenza di fuoco nemico;
- efficace fuoco d'appoggio o d'accompagnamento delle armi amiche;
- presenza di una cortina nebbiogena o di un'azione d'accecamento (sempre con nebbiogeni) sulle posizioni nemiche.

d. La tecnica del movimento (COME muoversi) differisce in relazione alle condizioni di luce.

e. Di giorno i modi di spostarsi sono i seguenti:
- a passo spedito, ovvero a sbalzi eseguiti di corsa;
- mantenendosi con tutto il corpo aderenti al terreno (strisciamento);
- rotolando.

Nel movimento a PASSO SPEDITO occorre sempre osservare il terreno circostante ed essere pronti, all'occorrenza, ad occupare una posizione defilata al tiro nemico

Il fucile viene portato, di norma, diagonalmente al corpo; l'arma di reparto passando le cinghie sulle spalle, ovvero trasversalmente al corpo, ovvero sulle spalle

Il movimento a SBALZI (eseguiti di corsa) viene svolto quando si è sotto il fuoco mirato dell'avversario, ovvero è possibile utilizzare la diretta copertura offerta dal fuoco di un'arma di reparto.
Effettuare lo sbalzo:
– in concomitanza del fuoco di copertura;
– senza interporsi sul piano di tiro dell'arma che effettua la copertura.
Concludere lo sbalzo DIETRO
e non SOPRA il riparo

Per gettarsi a terra, specie se la corsa è veloce:
– compiere un salto con a fondo della gamba destra (per frenare lo slancio); subito dopo, portare avanti la gamba sinistra effettuando un successivo a fondo e, contemporaneamente, far passare l'arma dalla mano destra alla sinistra afferrandola nel punto di equilibrio;
– poggiare a terra la mano destra e, distendendo la gamba sinistra, toccare il terreno con corpo leggermente ruotato a sinistra (**fig. A** e **B**);
– con la mano destra, portare il calcio del fucile alla spalla assumendo la posizione di tiro (**fig. C**)

Il movimento eseguito STRISCIANDO è idoneo a superare tratti di terreno nei quali esiste una copertura di altezza dai 40 ai 60 centimetri atta a defilarsi alla vista e al tiro nemico

Il movimento da eseguire prende il nome di "PASSO del LEOPARDO" la cui esecuzione comporta i seguenti movimenti:
- mettersi a terra con le braccia distese in avanti, ben aderendo al terreno con il mento, il petto, l'addome e la parte interna dei talloni;
- piegare la gamba ed il braccio della stessa parte del corpo e rovesciare il piede della gamba rimasta distesa, portando il tallone verso l'esterno

Il movimento in avanti è dato da:
- una spinta della gamba piegata, a mano a mano che essa si distende puntellandosi al terreno con la parte interna del ginocchio e del piede;
- una trazione del braccio rimasto disteso, a mano a mano che si flette, puntellandosi al terreno con l'avambraccio

Durante la spinta in avanti, l'altra gamba non deve compiere alcuno sforzo; il braccio piegato deve gradualmente distendersi in avanti. Le figure che seguono mostrano come trasportare le armi individuali e di reparto nell'eseguire il "passo del leopardo"

Il ROTOLAMENTO viene eseguito quando è necessario effettuare uno spostamento laterale per migliorare, a breve distanza, la copertura offerta dal terreno

Di notte, ovvero in condizioni di scarsa visibilità, le possibilità di osservazione a vista sono limitate mentre i rumori, anche di lieve entità, sono percettibili a distanze notevoli.
Il movimento, pertanto, deve essere eseguito:
– sfruttando l'oscurità più che la copertura;
– evitando di provocare rumori.
Dette condizioni possono essere conseguite adottando uno dei seguenti passi:

"PASSO del FANTASMA"   "PASSO del GATTO"

"PASSO del GATTINO"

In particolare per evitare rumori occorre:
- nel poggiare gli arti a terra, tastare prima il terreno;
- nell'avanzare, esplorare con una mano lo spazio antistante per rilevarvi la presenza di rami, o di fili relativi a trappole esplosive.

4. **Lo sfruttamento del terreno**

   a. Lo sfruttamento del terreno consegue, essenzialmente, lo scopo di sottrarsi agli effetti del fuoco nemico o, quantomeno, ridurne l'efficacia

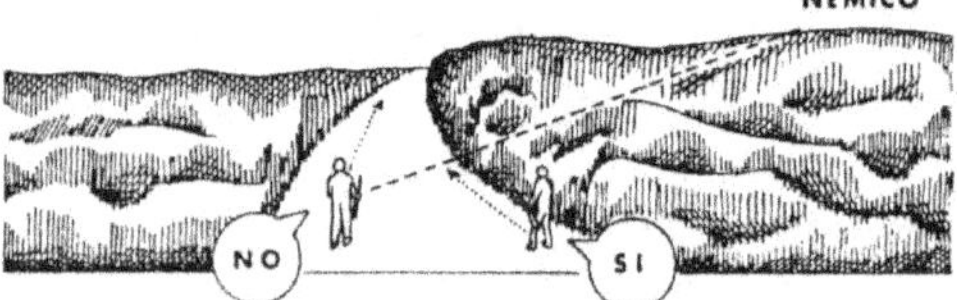

Nello sfruttare il terreno è necessario evitare di sporgersi, usufruendo di ripari

È d'uopo perciò:
- individuare l'obiettivo
  con l'arma al coperto

- graduare l'alzo
  al riparo

- portarsi infine
  in postazione

b. Nello sfruttare il terreno di giorno il combattente, anche se ben mascherato e addestrato nei vari "passi", effettua con successo la sua azione soltanto se sceglie razionalmente l'itinerario di movimento, oltre ai singoli ripari.
Per far ciò occorre tener presente:
- le caratteristiche del terreno;
- la distanza cui presumibilmente si trova l'avversario e le sue possibilità di osservazione (aeree e terrestri).
Per proteggersi dall'osservazione terrestre occorre:
- tenersi nelle zone d'ombra;

– evitare i punti caratteristici perché su essi (varco nella siepe; cespuglio isolato; ecc.) viene richiamata l'attenzione di chi osserva

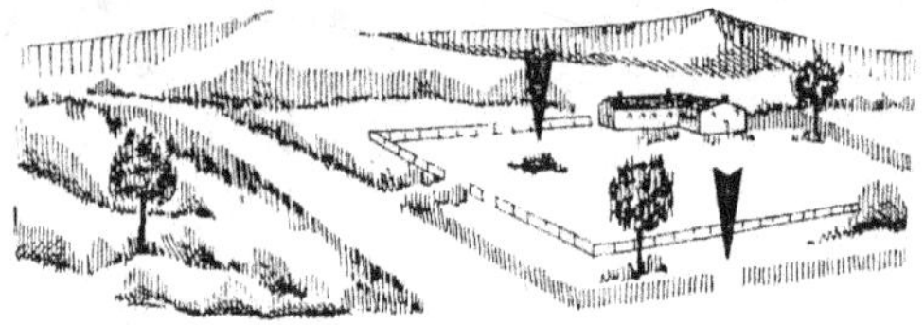

Per ridurre l'efficacia dell'osservazione aerea il combattente deve sapere che se l'aereo:
– passa a bassissima quota occorre osservare l'immobilità assoluta;
– sorvola la zona a quote superiori ai 300-400 metri occorre rimanere fermi se al coperto; buttarsi a terra negli altri casi.

c. Di notte lo sfruttamento del terreno è più agevole purché venga osservato il SILENZIO ASSOLUTO.
Nei riguardi dell'offesa terrestre occorre tener presente che:
– le figure si distinguono soltanto a breve distanza, a meno che non si profilino contro lo sfondo del cielo

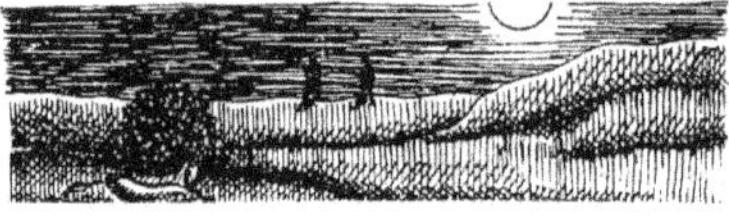

– il fuoco nemico non può generalmente essere preciso.

Il lancio di RAZZI o PROIETTI illuminanti, provenienti da posizioni amiche o nemiche, crea sempre — nei movimenti notturni — periodi di crisi che occorre superare con l'IMMOBILITÀ

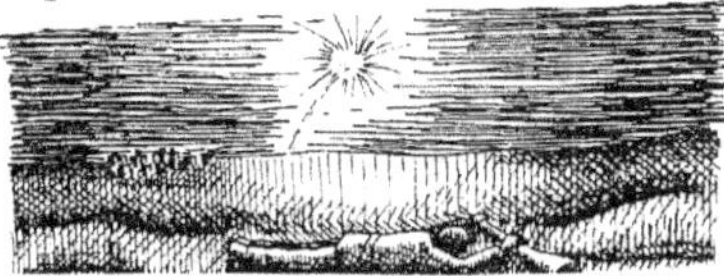

Se si nota la scia del razzo, o si avverte lo scoppio che ne precede l'accensione, gettarsi a terra e restare fermi. Se sorpresi dall'accensione non gettarsi a terra ma "congelarsi" sul posto con la testa abbassata sul petto per non rimanere abbagliati, con conseguente temporanea difficoltà nell'uso della vista

La minaccia aerea sovrasta il combattente anche di notte e, pertanto, occorre tener presente che:
- le sorgenti luminose, anche se schermàte sul piano azimutale, sono visibili dall'alto;
- con il cielo illuminato dalla luna le ombre che si proiettano sul terreno sono facilmente rilevabili e quindi, anche di notte, occorre muoversi in aree

sulle quali incombono altre ombre determinate
da elementi naturali

CAPO II

PASSAGGIO di OSTACOLI

5. Generalità

Costituiscono ostacoli:
– gli elementi del terreno (ostacoli naturali);
– gli apprestamenti (ostacoli artificiali),
quando idonei a limitare o ritardare il movimento.

Il veloce superamento o attraversamento di ostacoli —
con armi e materiali — rappresenta per l'attaccante un
problema di importanza vitale che può essere risolto:
– alleggerendo al massimo l'equipaggiamento;
– sviluppando nei singoli la necessaria agilità;
– agendo sotto la protezione del fuoco e di cortine neb-
  biogene.

Tenere comunque sempre presente la convenienza di
evitare, finché possibile, quegli ostacoli che si presu-
mano battuti dal fuoco avversario, anche se ciò obbli-
ghi a percorrere itinerari più lunghi e malagevoli.

6. Ostacoli artificiali

a. Gli ostacoli artificiali possono essere definiti "attivi"
   o "passivi" a seconda che abbiano, o no, la possibilità
   di offendere direttamente chi si accinge a superarli.
b. Tra gli ostacoli "attivi" rientrano:
   – le mine;
   – le trappole (esplosive e no).

   Soltanto personale all'uopo addestrato (e quindi in
   possesso di specifica specializzazione) è in grado di:
   – aprire varchi e corridoi nei campi minati;

    — disattivare le trappole,

e, pertanto, l'argomento esula dalle finalità del presente MANUALE.

c. I principali ostacoli artificiali "passivi" sono costituiti da:

    — muri;

    — siepi;

    — staccionate;

    — grovigli di filo spinato.

Il loro superamento può avere luogo come indicato nelle figure che seguono:

7. Ostacoli naturali

a. Gli ostacoli naturali sono in genere costituiti da:
   - fossati;
   - scarpate ripide.

b. Per attraversare fossati di modesta ampiezza è sufficiente compiere un salto

ovvero attraversarli a guado avendo cura di tenere l'arma e l'equipaggiamento deteriorabile fuori dall'acqua.

Fossi larghi, incassati entro alte pareti, possono essere attraversati:
   - discendendo la scarpata e ricercando prima un guado e, poi, un agevole tratto per la risalita;
   - passando su un trave (o tronco d'albero) da gittare da una sponda all'altra

c. Il superamento di scarpate che, per la loro ripidità e/o altezza, comporta il ricorso a funi, chiodi, ganci ed altro specifico materiale, è da prendere in considerazione soltanto da parte di reparti speciali e dalle truppe alpine.

8. Passaggio di ostacoli di notte

Di giorno, il combattente deve agire senza farsi vedere; di notte non deve, soprattutto, farsi udire. Di qui la necessità di:
- riconoscere preventivamente l'ostacolo da superare;
- agire lentamente;
- effettuare l'azione collettivamente (ciò dà maggiori garanzie di riuscita ed evita anche i rumori che, di solito, un individuo isolato produce per le maggiori difficoltà che incontra);
- evitare di far risaltare la propria sagoma al di sopra di creste o in corrispondenza di varchi;
- agire sempre in assoluto silenzio

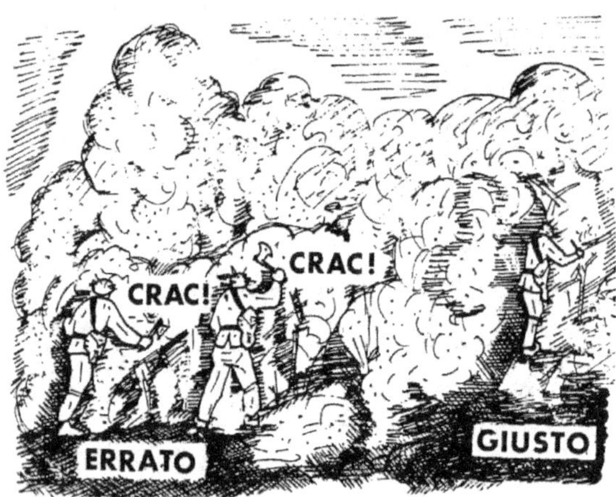

CAPO III

OSSERVAZIONE

9. Generalità

a. L'osservazione ha lo scopo di individuare e determinare presenza, dislocazione, movimenti, attività e abitudini del nemico, nonché ogni mutamento apportato dallo stesso al terreno.
Essa può essere svolta:
- a vista;
- con apparecchiature speciali (visori all'infrarosso; visori ad intensificazione di luce; ecc.).
Nel MANUALE, in relazione alle finalità indicate nella PREMESSA, viene sviluppata soltanto l'osservazione "a vista".

b. L'osservazione consente di:
- evitare la sorpresa;
- agire con il fuoco con immediatezza;
- sfruttare il terreno nel modo migliore ai fini del movimento,
e, affinché sia razionale ed efficace, occorre rispettare i seguenti principi:
- OSSERVARE SENZA LASCIARSI VEDERE;
- INTEGRARE LA VISTA CON L'UDITO.
Per poter assolvere compiti di osservazione è necessario che il combattente sappia;
- apprezzare e definire ciò che vede;
- scegliere il posto d'osservazione;
- osservare con tecnica e metodo;
- utilizzare il binocolo;
- indicare gli obiettivi.

10. **Apprezzamento e nomenclatura del terreno**

a. Il combattente deve possedere in modo spiccato l'attitudine ad apprezzare il valore delle accidentalità del terreno, sia per sfruttarle come punto di osservazione o di riferimento o come riparo per avanzare al coperto, sia per potere, all'occorrenza, giudicare e riferire circa le località occupate dal nemico.

b. Il militare deve anche conoscere l'esatta nomenclatura delle varie forme del terreno e dei suoi particolari, naturali e artificiali, per poterli indicare con esattezza.

A titolo orientativo, si riportano i seguenti:

- terreni: pianura, collina, montagna, costone, dorsale, impluvio, calanco, bassura; terreno coperto, scoperto, incolto, coltivato; prato, campo, bosco, boschina, sottobosco, radura, chiazza, pendenza, contropendenza;
- acqua: lago, laguna, palude, fiume, torrente, ruscello, canale, fosso, stagno, corrente, argine, sponda, riva, sorgente, fontana, pozzo; significato delle espressioni "a monte" o "a valle", destra o sinistra idrografica;
- strade: se a fondo naturale o artificiale, larghezza, pendenza, fiancheggiamento (cioè se è costeggiata da fossi, muri, siepi, filari d'alberi, pali telegrafici, paracarri, pietre chilometriche o miliari), in rialzo, incassate, a mezza costa, a livello; ponti e loro diversa specie, guadi, gallerie, viadotti, cavalcavia, ecc.;
- luoghi abitati: città, paese, borgata, villaggio, cascina, caseggiato, stazione ferroviaria, casello,

casa cantoniera.

La sottostante figura mostra forme particolari di terreno con la relativa nomenclatura

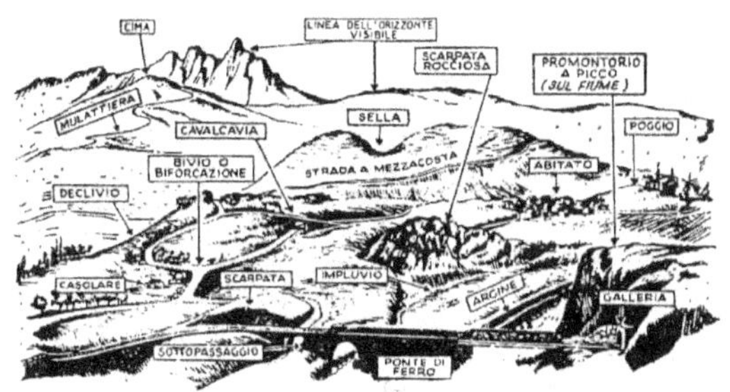

11. Scelta di un posto di osservazione

a. Di giorno il posto di osservazione deve essere ricercato su punti dominanti

b. Di notte le immagini sono visibili se stagliate sullo sfondo del cielo ed è pertanto opportuno scegliere posti di osservazione meno elevati rispetto al terreno da osservare

Nelle notti di luna è bene osservare da posti sopraelevati, in quanto gli obiettivi appaiono meglio illuminati e proiettano sul terreno leggere ombre.
Con la luna di fronte si vede meglio che non avendola alle spalle.
Di notte è facile scambiare cespugli, pali o alberi con uomini; perciò, sempre se possibile, il terreno antistante deve essere studiato preventivamente di giorno.

12. Tecnica e metodo d'osservazione

a. L'osservazione di un ampio settore del terreno consente una visione superficiale, in cui i particolari non sono avvertibili; occorre, quindi, osservare con metodo analitico.

b. Di giorno tale metodo si concreta:
   - nello stabilire un "settore di osservazione" (deli-
     mitato da lati paralleli alla direzione di osserva-
     zione, materializzati da punti caratteristici);
   - nel suddividere il settore in una serie di "striscie"
     in profondità (perpendicolari alla direzione di
     osservazione) ciascuna profonda 100 metri;

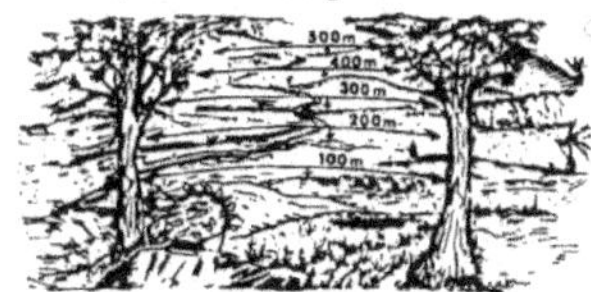

   - nell'osservare all'interno di ciascuna striscia ini-
     ziando dal margine inferiore sinistro per arri-
     vare a quello destro in modo da percorrere con
     l'occhio tutta la striscia con una serie di movi-
     menti di andata e ritorno.

Per effettuare un'accurata osservazione, è necessario:
   - osservare con cura gli alberi che sono attorno in
     quanto potrebbero nascondere tiratori isolati;
   - scrutare ciascun albero, separatamente, po-
     nendo particolare attenzione ai rami più grossi
     perché sono quelli che riescono a sopportare il
     peso di un uomo (bisogna essere sospettosi di
     ogni protuberanza di aspetto strano e di ogni og-
     getto avente contorni geometrici e che può appa-
     rire come non facente parte dell'albero);
   - se appare qualche cosa di sospetto in qualche
     punto, fermare l'attenzione su di esso e osservare
     accuratamente.

c. Di notte l'osservazione deve essere integrata con l'ascolto.

Un buon metodo per vedere meglio di notte è quello della "visione fuori centro". Se si guarda poco al di sopra, al di sotto o al lato di un oggetto, questo si vede più chiaramente che non per visione diretta:

— visione diurna

— osservazione notturna

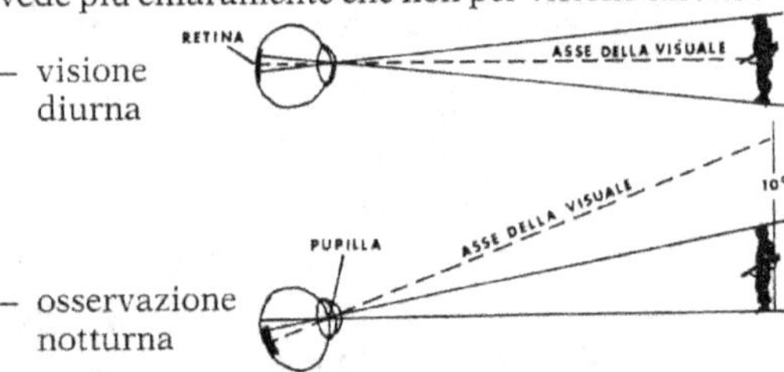

L'oggetto che si vuole osservare con maggior cura deve essere guardato con brevi e intermittenti occhiate, poiché se si fissa per lungo tempo, esso diviene confuso.

Un altro metodo per aumentare la capacità visiva è quello di mettere le mani ad imbuto intorno agli occhi. Così facendo si diminuisce il campo visivo che per la maggiore sensibilità della retina alla sua periferia risulterà più chiaro. Lo schermo delle mani fornisce, inoltre, una utile protezione dalla luce.

13. Uso del binocolo

a. Di giorno, è opportuno compiere al coperto le operazioni di adattamento del binocolo alla vista, prima di osservare.

Le operazioni di adattamento alla vista consistono nella:
- regolazione della distanza interpupillare;
- messa a fuoco, agendo su un oculare per volta (tenendo chiuso l'occhio non impegnato).

b. Di notte:
   - la regolazione della distanza interpupillare si ottiene puntando le lenti contro il cielo e regolando l'intervallo degli oculari fino a che non si vede chiaramente un tratto di cielo racchiuso in un nitido cerchio scuro;
   - la messa a fuoco degli oculari si compie scegliendo una stella oppure un particolare che si profila contro il cielo.

14. Indicazione degli obiettivi

a. Indicare un obiettivo significa "segnalarlo ad un altro osservatore in modo che questi possa a sua volta individuarlo".
b. Di giorno un obiettivo può essere indicato:
   - per mezzo di uno schizzo panoramico od una fotografia del terreno sulla quale sia stato riportato;
   - avvalendosi di una linea di mira occasionale o di uno strumento ottico;

– riferendolo al quadrante di un orologio ideale (rivolto dalla parte dell'osservatore, ore 6 in basso) disposto verticalmente, col centro su un elemento di riferimento. In questo caso, la posizione viene segnalata comunicando la direzione del raggio orario più prossima all'obiettivo e l'angolo (o la distanza) sotto il quale tratto OBIETTIVO-ELEMENTO di RIFERIMENTO è visto dall'osservatore. Esempio: "riferimento casa isolata all'orizzonte, ore 4,...50 millesimi, cespuglio di ginestre"

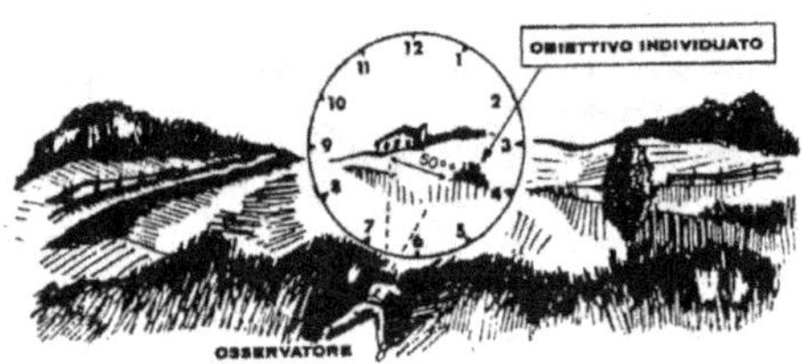

L'angolo può essere misurato servendosi del sistema approssimato "del braccio disteso"

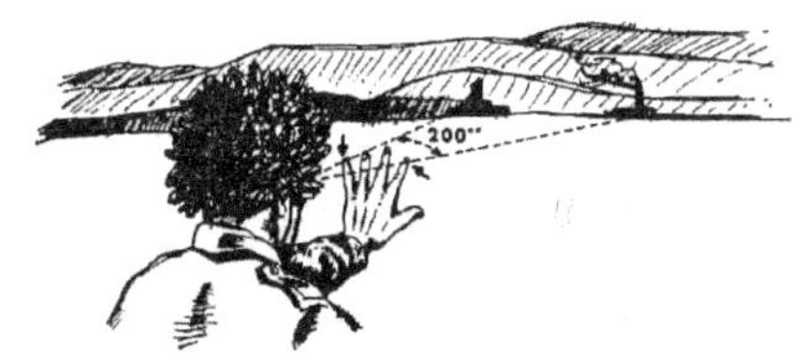

attribuendo alle varie "conformazioni" della mano i seguenti valori approssimativi (tenendo il braccio disteso, come mostra la precedente figura)

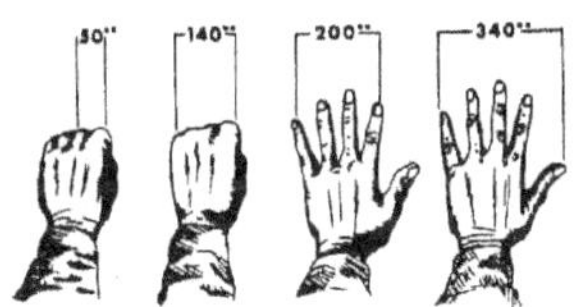

c. Di notte per indicare un obiettivo si può:
   - sparare in direzione dell'obiettivo individuato con cartucce traccianti;
   - puntare una mitragliatrice incavalcata su treppiede e fare traguardare chi deve ricevere l'indicazione.

CAPO IV

STIMA delle DISTANZE

15. **Generalità**

L'addestramento alla stima delle distanze ha particolare importanza per il personale addetto alle armi,
nonché per le sentinelle o vedette (e per quanti impiegati in compiti di ricognizione ed esplorazione) e non
provvisti dei mezzi destinati a misurare dette distanze.
Le distanze possono essere stimate:
— a vista;
— con l'udito;
— mediante l'impiego di un "grafico delle distanze".

16. **Stima a vista**

a. I procedimenti con i quali stimare le distanze "a vista" sono essenzialmente i seguenti:
— comparazione delle distanze da
stimare con distanze ben note (riferite ad esempio al settore sportivo)

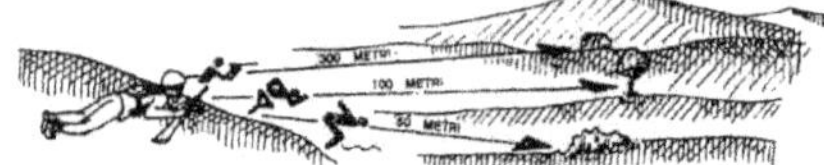

— procedimento addizionale

— procedimento dei particolari. Al riguardo di questo procedimento e con riferimento alla figura di

uomo in piedi alle varie distanze, occorre tener presente che:
- fino a 200 metri, tutte le parti del corpo si distinguono nettamente;
- a 300 metri, i contorni del viso si dissolvono in una macchia;
- a 400 metri, si distingue il contorno del corpo; il viso non è visibile, se non in circostanze particolarmente favorevoli;
- a 500 metri, il corpo sembra affinarsi leggermente, a partire dalle spalle. I movimenti delle estremità sono ancora percettibili;
- a 600 metri, la testa diventa un punto e i particolari non più percettibili;
- oltre i 600 metri, difficilmente si riesce a riconoscere la figura dell'uomo, in quanto irrilevabile ad occhio nudo.

b. In merito all'influenza delle condizioni ambientali sulla stima delle distanze occorre tener presente che:

SI STIMA CORTO
- nell'emozione del combattimento;
- attraverso un'ampia depressione del terreno;
- con sole alle spalle o con luce troppo viva;
- su superfici uniformi;
- con sfondo chiaro;
- con aria limpida e serena;
- dal basso in alto;
- quando il particolare si vede nitido e intero.

SI STIMA LUNGO
- in terreno collinoso;
- in terreno coperto;

- sopra superfici oscure (boschi, terreni paludosi o arati, valli con piante conifere);
- durante le nevicate;
- quando lo sfondo è scuro (es. boschi);
- attraverso spazi lunghi e stretti (strade lunghe e strette, valli anguste, ecc.);
- con il sole di fronte;
- all'ora del tramonto;
- dall'alto in basso;
- con atmosfera caliginosa;
- dalla posizione "a terra" o "in ginocchio";
- quando il particolare appare confuso o in parte nascosto.

17. Stima con l'udito

a. Il suono si trasmette, nell'aria, a una velocità quasi costante (metri 333 al minuto secondo). Ciò rende abbastanza facile stimare la distanza cui si trova una sorgente sonora calcolando il tempo impiegato dal suono, dall'origine all'orecchio di chi lo rileva.

b. Considerato quanto precede, la misurazione della distanza riferita ad un'arma che spara può essere eseguita mediante:
   - il rilevamento della vampa e dell'onda di bocca;
   - il rilevamento dell'onda balistica di bocca.

c. Con il primo di tali sistemi (rilevamento della vampa) la distanza in metri, cui si trova un'arma che ha sparato, si calcola approssimativamente moltiplicando per 333 il numero dei minuti secondi che trascorrono tra l'apparire della vampa e la percezione del relativo colpo. Il sistema è utile, specie di notte, data la facilità con la quale si vedono le luci e si per-

cepiscono
i rumori

d. Il secondo sistema (TÀ-PUM) può essere utilizzato soltanto quando si è sottoposti al fuoco di armi a tiro teso di fanteria e l'arma avversaria è difficilmente individuabile. Il passaggio del proiettile è accompagnato da un suono caratteristico, determinato dall'onda balistica, molto simile allo schiocco di una frusta nell'aria (TÀ). Il rumore dello sparo alla volata dell'arma, determinato dall'onda di bocca, è anch'esso rilevato da un suono caratteristico, più cupo del precedente (PUM). La velocità dei proiettili delle armi a tiro teso della fanteria, nel tratto della traiettoria di tiro utile, è maggiore della velocità del suono; ne consegue che un uomo soggetto al tiro di una di esse percepirà due suoni caratteristici, distinti e successivi: uno, prodotto dall'onda balistica del proiettile in movimento; l'altro, dall'onda di bocca (TÀ-PUM).

Ciò consente di poter stabilire approssimativamente:

- la direzione in cui si trova l'arma, basandosi su quella di provenienza del secondo suono (PUM);
- la distanza cui si trova l'arma, basandosi sull'intervallo di tempo che intercorre fra l'ascolto del primo suono (TÀ) e quello del secondo (PUM).

18. Stima con il "grafico delle distanze"

a. Il grafico delle distanze consiste in una serie di semicirconferenze concentriche ed equidistanti — in genere 4 o 5 — aventi come centro il punto di osservazione. La distanza fra le singole circonferenze equivale a 250 metri. Sul disegno geometrico, così predisposto, vengono riportati punti di riferimento ben determinati e a distanza esattamente nota. Utilizzando detto "grafico" è possibile stimare con sufficiente esattezza le distanze di altri punti, riferendoli a quelli noti.

b. Per la compilazione e l'impiego di un "grafico delle distanze"

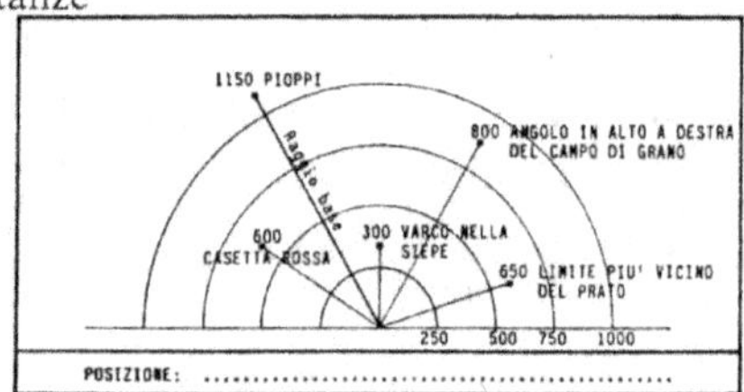

si effettuano le seguenti operazioni:
- segnare su esso la posizione da cui si rilevano le distanze e descriverla in calce;
- tracciare, con centro al punto di osservazione, una serie di semicirconferenze concentriche ciascuna a distanza, in scala, di m 250;
- scegliere un particolare molto evidente nel settore assegnato e tracciare un ben marcato "raggio di base" diretto al particolare stesso, annotandovi vicino la distanza in metri;
- stabilire, quindi, gli altri particolari di cui si vuole annotare la distanza. Tra essi, dovrebbero essere incluse le posizioni che si ritengono occu-

pate dal nemico e quei punti vicino ai quali l'avversario deve probabilmente passare in relazione agli ostacoli presenti nella zona. Mettere a posto sul grafico, in scala, i vari punti di riferimento prescelti;

- mantenendo lo schema orientato sul sopracitato "raggio base", tracciare dei raggi corrispondenti alla direzione dei particolari scelti (la lunghezza di detti raggi deve corrispondere alle distanze alle quali si trovano i vari particolari).

19. Altre stime utili

a. La distanza fra le sponde di un fiume si misura come segue:

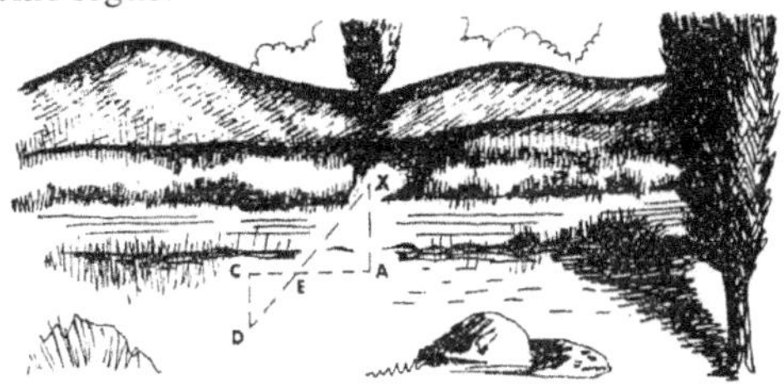

- si fissa un particolare X (albero, pietra, ecc.) sulla sponda opposta;
- si sceglie, in corrispondenza del particolare X, un punto A sulla sponda amica;
- ci si allontana dal punto A ad angolo retto, lungo la sponda, per 90 metri. Giunti a 60 metri, si sosta e si pone un segno (bastone, sasso, ecc.) E. Si prosegue e, percorsi altri 30 metri (90 complessivamente), si pone un altro segno C;

     — al punto C si gira, ad angolo retto, e si cammina diritto, contando i passi, finché non si arrivi a vedere i segni E ed X sullo stesso allineamento. Il numero dei passi contati (da C a D) corrisponde alla metà dei passi che intercorrono tra A ed X. Raddoppiando tale numero si ha la distanza intera tra A e X espressa a passi.

b. Per misurare la velocità di un corso d'acqua si stabiliscono due punti su una sponda del fiume, distanti fra loro 100 metri. Qualche decina di metri più a monte del primo punto si getta in acqua (verso il centro) un galleggiante (un pezzo di legno, di sughero, un ramoscello) e si misura il tempo che esso impiega a percorrere la distanza tra i due punti.

Dividendo 100 metri per il tempo (espresso in minuti secondi) impiegato dal galleggiante a percorrere l'intervallo tra i due punti, si ottiene la velocità della corrente in metri al secondo. La velocità dei corsi d'acqua si considera:

     — piccola: fino a un metro al secondo;
     — media: da uno a due metri al secondo;
     — grande: da due a tre metri al secondo;
     — impetuosa: oltre i tre metri al secondo

CAPO V

IMPIEGO delle ARMI INDIVIDUALI

20. Generalità

a. L'arma individuale (fucile) deve costituire più di tutte le altre usate sul campo di battaglia mezzo infallibile di difesa per il combattente perché, ad essa, può ricorrere in qualsiasi circostanza di tempo e luogo.
Egli deve perciò:
- essere addestrato al tiro istintivo;
- sapere impiegare la propria arma di notte, anche senza l'ausilio di mezzi d'illuminazione o di apparati specifici;
- tenere sempre la propria arma a portata di mano.

b. Quali mezzi di diretta difesa il combattente dispone inoltre:
- delle bombe a mano;
- delle armi bianche;
- di bombe da fucile e di altri ordigni per la difesa controcarri,

che deve saper impiegare con la stessa abilità del fucile.

21. Impiego del fucile

a. Il fucile offre al combattente la possibilità di:
- colpire il nemico con tiro mirato;
- investirlo, di sorpresa, con fuoco a raffiche;
- effettuare, nella lotta ravvicinata, tiro istintivo.

b. Si deve sempre tendere a realizzare la sopresa mediante i seguenti accorgimenti:

- non iniziare il fuoco finché il nemico non sia rientrato nella zona di terreno prescelta, nella quale si hanno maggiori probabilità di colpirlo;
- iniziare con fuoco mirato, a colpo singolo, per intervenire poi, improvvisamente, se l'arma lo consente, a raffiche.

c. L'uomo, soggetto a fuoco mirato, tende per istinto ad abbassarsi. Pertanto, a differenza di quanto viene consigliato nei tiri di poligono

in combattimento si dovrà puntare nella parte più bassa del bersaglio

Nel caso di azioni di fuoco contro uomini in movimento, è necessario tener presente i seguenti accorgimenti:

- non sparare contro nemico che sta sbucando da un riparo, ma aspettare che raggiunga la zona scoperta;
- non iniziare il tiro contro nemico che si sta inoltrando in un camminamento (fosso, strada incassata, ecc.), prima che egli venga a trovarsi a circa metà del tratto che si riesce a battere dalla propria postazione;

- non sparare a caso contro nemico che avanza in gruppo, ma mirare accuratamente all'uomo di testa.

22. Impiego delle bombe a mano

a. La bomba a mano, per conseguire un effetto efficace, deve essere lanciata dal combattente:
- alla distanza di almeno 25-30 metri;
- con precisione;
- senza eccessivo sforzo.

Per far ciò, occorre che il combattente:
- abbia acquisito una perfetta tecnica di lancio;
- conservi tale capacità con un costante addestramento.

b. Per neutralizzare o snidare l'avversario costretto dal fuoco delle armi portatili a mettersi al coperto si ricorre all'impiego delle bombe a mano.

In particolare, dopo il lancio, gettarsi a terra (nel caso il lancio abbia avuto luogo dalla posizione eretta) e, nel farlo:
- inizialmente osservare la prima fase della traiettoria per rendersi conto della direzione e della portata del lancio;
- successivamente plasmarsi sul terreno in attesa dello scoppio;
- dopo lo scoppio, secondo il comportamento dell'avversario, aprire il fuoco, lanciare altre bombe a mano, ovvero avanzare con l'arma in caccia pronti ad aprire il fuoco.

23. Impiego delle armi individuali nella lotta controcarri

a. I mezzi corazzati (carri armati, veicoli corazzati, ecc.) partecipano a tutte le fasi del combattimento precedendo o seguendo il combattente appiedato.

b. Il mezzo corazzato dispone di grande potenza di fuoco e di notevole possibilità di movimento anche fuori strada; ostacoli anticarro, attivi e passivi, lo possono tuttavia mettere in serie difficoltà.

Per arrestare o distruggere il mezzo corazzato possono essere impiegati, con buoni risultati, isolatamente o congiuntamente, i seguenti mezzi:
- bombe incendiarie o controcarri (regolamentari o di circostanza);
- ordigni esplosivi ad effetto ritardato.

L'azione individuale contro i mezzi corazzati può essere eseguita:
- a breve distanza (70-150 metri), da posizione defilata, impiegando la bomba controcarri lanciata con il tromboncino;
- a distanza ravvicinata, da posizione di agguato, impiegando bombe fumogene-incendiarie, controcarri, di circostanza o anche bombe a mano, qualora l'offesa sia diretta contro carri armati con torretta aperta o mezzi corazzati a cielo scoperto.

c. Il combattente, che affronta il mezzo blindato o corazzato, deve tener presente che:
   - il mezzo ha organi delicati e punti di vulnerabilità

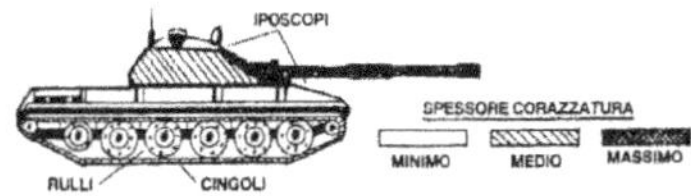

   - le limitazioni di alzo (in depressione ed in eleva-
   zione) creano attorno al mezzo corazzato angoli
   non battibili con le armi di bordo

24. Armi bianche

a. Per arma bianca s'intende qualsiasi mezzo atto ad
   eliminare l'avversario mediante ferita da punta o
   da taglio (pugnale, baionetta, ecc.). L'arma bianca
   può essere impiegata, sia impugnandola, sia ina-
   standola al fucile.

b. L'impiego del pugnale e della baionetta, direttamente impugnata, è legato all'acquisizione di tecniche relative a:
   - movimento per portarsi, di sorpresa, alle spalle
   dell'avversario da eliminare;
   - modalità per impedire all'avversario di dare l'allarme;

- modalità per non svelarsi in conseguenza del ru
  more che l'aggressione può provocare;
- difesa personale in caso di aggressione di sor
  presa da parte del nemico (vedasi Capo X).

c. Per colpire da tergo con pugnale o baionetta occor
re:
- strisciare silenziosamente sino a portarsi il piì
  possibile vicino all'avversario;
- sollevarsi da terra, senza far rumore e, avan
  zando leggermente curvi, con un balzo portare il
  ginocchio sinistro (o destro) aderente ad una
  gamba dell'avversario; afferrare con la mano si
  nistra (o destra) il mento dell'avversario; tener
  gli la testa in alto, indietro e da un lato; vibrargli
  immediatamente il colpo all'altezza dell'ultima
  costola

Per l'attacco di fronte:
- impugnare l'arma come per l'attacco a tergo;
- vibrare il colpo all'addome oppure alla gola.
In entrambi i casi il corpo dell'avversario colpito va
sorretto e deposto cautamente a terra per evitare
rumore.

CAPO VI

SEGNALI

25. Generalità

a. Brevi ordini e comunicazioni in combattimento vengono spesso trasmessi per mezzo di segnali convenzionali, ottenendo:
- maggiore celerità nella esecuzione;
- silenzio;
- riduzione nelle perdite delle staffette.

b. Ogni combattente deve essere sempre in grado di vedere il proprio Comandante (collegamento a vista) per poterne ripetere i segnali per la trasmissione a distanza.

26. Segnali con la mano

Sono previsti i seguenti segnali:

a. AVANZARE: agitare il braccio teso in alto, dall'indietro all'avanti o nella direzione verso la quale si vuole avanzare

b. ALT: braccio teso in alto, palmo della mano rivolto in avanti

c. SERRARE AL CENTRO: portare la mano più volte sul capo mantenendo il braccio ad angolo retto

d. DI CORSA: mano chiusa a pugno mossa rapidamente su e giù

e. SPIEGARSI: mano tenuta alta e mossa davanti al capo, da sinistra a destra e viceversa, più volte, mantenendo il braccio disteso

f. RALLENTARE: braccio teso in fuori, mano aperta con il palmo della mano verso il basso, compiendo lentamente ampie oscillazioni dall'alto in basso

g. A TERRA: braccio teso in avanti, mano aperta col palmo verso il basso; compiere qualche rapida e breve oscillazione a braccio teso

h. SEGUITEMI: braccio in alto, compiere lente oscillazioni dall'indietro all'avanti

i. ANNULLARE I SEGNALI FATTI IN PRECEDENZA: portare il braccio teso in avanti e muoverlo da una parte all'altra mantenendo il braccio orizzontalmente

27. **Segnali con il fucile**

Sono previsti i seguente segnali:

a. NEMICO IN VISTA: braccio teso in alto, fucile tenuto in posizione verticale dalla mano che lo sorregge all'impugnatura del calcio

b. NEMICO IN FORZA CON-
SIDEREVOLE: fare lo
stesso movimento di
prima alzando e abbas-
sando più volte il fucile

c. NESSUN NEMICO IN VI-
STA: braccio teso in alto,
fucile tenuto in posizione
orizzontale dalla mano che
lo sorregge nel suo punto di
equilibrio

Questi segnali sono in genere effettuati da uomini di-
staccati dalla propria unità per compiti di esplorazione ravvicinata o di sicurezza.

28. **Segnali con il fischietto**

Sono previsti i seguenti segnali:
a. ATTENZIONE: fischio corto; serve di preavviso ai
segnali che seguono.
b. ALLARME TERRESTRE: fischi lunghi e corti al-
ternati.
c. ALLARME CARRI: serie di fischi lunghi.
d. ALLARME AEREO: serie di fischi corti.
e. CESSATO ALLARME: due fischi ripetuti a intervalli di circa 5 secondi.

CAPO VII

MOVIMENTO su VCC e su ELICOTTERO

29. **Generalità**

a. Il combattente, anche se non inquadrato in reparti che impiegano di norma per muovere e/o combattere i veicoli cingolati o gli elicotteri, deve conoscere le norme fondamentali di comportamento da tenere nel prendere posto a bordo di detti mezzi.

b. Scopo del presente Capo è quello di riepilogare tali norme riferite:
   - al VEICOLO CORAZZATO da COMBATTIMENTO (VCC);
   - agli elicotteri medi (EM);
   - agli elicotteri per il trasporto medio (ETM).

30. **Movimento su veicolo corazzato da combattimento**

a. Il VCC è il mezzo di trasporto e di combattimento in dotazione alla squadra fucilieri meccanizzata. Per il personale delle unità con altra configurazione la trattazione può servire nell'eventualità si debba utilizzarlo in situazioni contingenti.

b. A bordo del mezzo il personale trova la seguente sistemazione (riferita al VCC/M 113 ed alla squadra fucilieri meccanizzata; squadre di altre "specialità" dovranno adottare, per quanto possibile, la stessa sistemazione).

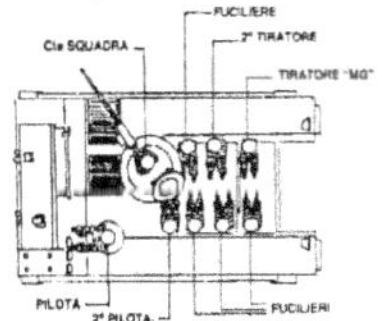

c. Le prescrizioni per il personale che prende posto su di un VCC sono le seguenti:
   - INDOSSARE sempre l'ELMETTO o il CASCO protettivo;
   - accertarsi che i MATERIALI e le MUNIZIONI siano ben FISSATI alle pareti ed al pavimento del veicolo;
   - SEGNALARE, immediatamente, al pilota PERDITE di liquidi od altri eventuali INCONVENIENTI;
   - tenere l'ARMA IN SICURA E SENZA COLPO IN CANNA;
   - NON fumare;
   - NON TOCCARE O AZIONARE LEVE, PULSANTI o MECCANISMI che non si conoscano.

d. Durante le varie fasi di movimento e di combattimento si deve vigilare e reagire ad eventuali offese sparando, con l'arma in dotazione, nel settore assegnato dal Comandante di squadra, utilizzando

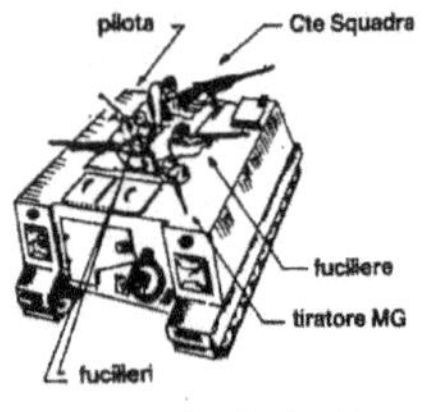

.....ovvero le feritoie laterali

.....la botola superiore

e. In combattimento, ricevuto il comando "appiedare", si abbandona il veicolo (normalmente attraverso la rampa) inserendosi correttamente nella formazione prevista e ponendosi a distanza di sicurezza dai cingoli, sotto la protezione del fuoco dell'arma di bordo

31. Movimento su EM

a. L'imbarco è predisposto mediante:
   - la comunicazione alle squadre dell'ordine di successione per l'imbarco e/o dell'ora di presentazione sulla posizione di attesa

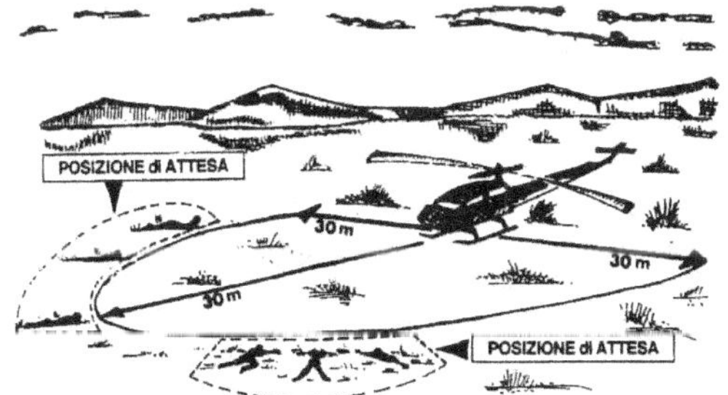

– l'organizzazione della difesa vicina dei punti d
atterraggio

b. Ha inizio, alla ricezione di apposito segnale di imbarco (pollice "su") da parte del pilota o di un mem-
bro dell'equipaggio, con l'abbandono della posizione di attesa. È necessario controllare, prima di
avvicinarsi all'elicottero che:
– l'arma sia in sicura e senza colpo in canna;
– le antenne radio siano rimosse o ripiegate per
evitare di danneggiare le pale del rotore

c. Si conclude, una volta saliti sull'elicottero, attraverso la porta o rampa di caricamento, occupando
il posto assegnato e allacciando le cinture di sicurezza e gli spallacci.
La figura mostra la sistemazione su un EM di una
squadra meccanizzata

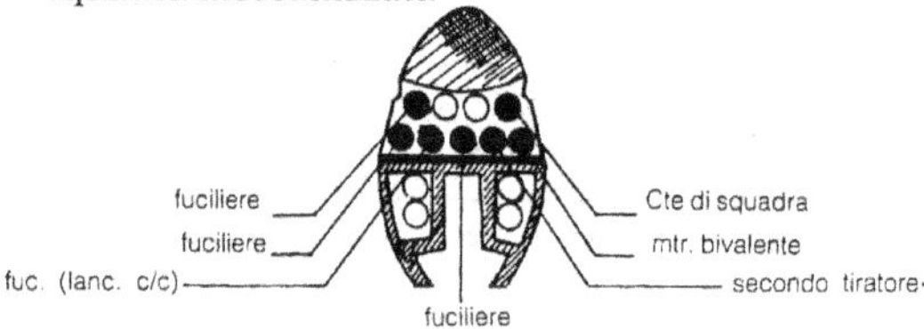

d. Durante il volo a meno di non essere specificata-
mente autorizzati dal Comandante dell'elicottero:
   - NON gettare fuori alcun oggetto;
   - NON togliere la "sicura" all'arma e non inserire
     il colpo in canna;
   - NON fare fuoco dal velivolo con l'arma in dota-
     zione;
   - NON impiegare il sistema d'arma eventual-
     mente montato a bordo;
   - NON slacciare le cinture di sicurezza;
   - NON toccare o azionare leve, pulsanti o mecca-
     nismi che non si conoscano.
e. Le operazioni di sbarco dall'elicottero iniziano alla
ricezione del segnale dato dal capo velivolo (a voce
e/o squillo breve di suoneria, o luce verde accesa).
Si concretano nello sganciare cinture e spallacci,
nello scendere attraverso lo sportello o la rampa e
nell'allontanarsi rapidamente dal velivolo, nel
senso della discesa

In casi particolari lo sbarco può avvenire con l'elicottero in volo stazionario:

   - a breve distanza dal
     suolo (1-2 m): si lascia
     l'aeromobile in caduta
     libera

- eccezionalmente, a maggior altezza (10-12 m), si scende e si scaricano armi, munizioni e materiali mediante scalette di corda e cavi in dotazione all'elicottero

32. Movimento su ETM

a. La salita sull'elicottero avviene dal portellone posteriore

b. La discesa ha luogo in modo analogo.
c. La sistemazione a bordo dell'ETM è la seguente (riferita ad un plotone meccanizzato)

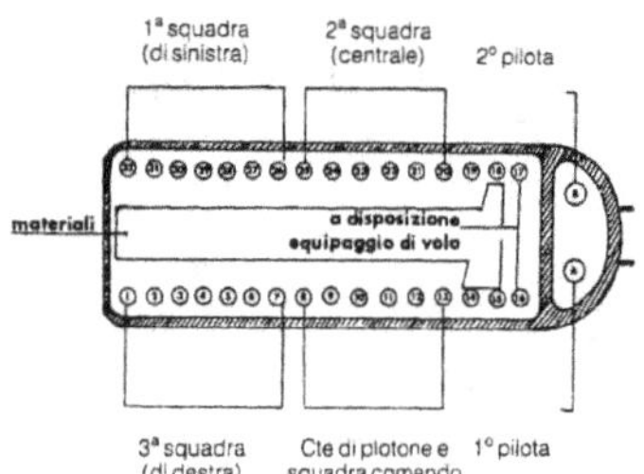

CAPO VIII

LA PROTEZIONE ANTI-NBC

3. Generalità

a. Le armi nucleari (N), biologiche (B) e chimiche (C) rappresentano una rilevante parte del potenziale bellico mondiale.

b. In questo Capo vengono illustrati:
   - gli effetti delle armi nucleari;
   - gli effetti degli aggressivi chimici e biologici;
   - le procedure per la difesa NBC;
   - le predisposzioni da adottare in previsione di attacchi NBC ed in caso di allarme.

4. Effetti di una esplosione nucleare

Gli effetti di una esplosione nucleare, commisurati alla potenza dell'ordigno impiegato, sono:
- termico-luminoso;
- meccanico;
- radioattivo.

L'effetto termico-luminoso si manifesta sotto forma di un lampo di luce che emana dalla sfera di fuoco (o da tutto l'orizzonte in caso di esplosione notturna) e di un'onda di calore ad altissima temperatura, che si esauriscono nell'arco di pochi secondi. Esso provoca ustioni dirette (da vampa), indirette (da fiamma) e cecità temporanea (abbagliamento) o permanente (ustioni retiniche). È influenzato dal condizioni atmosferiche (nuvole, nebbia, pioggi ecc.) che possono ridurre di molto la sua intensità propagazione

L'effetto meccanico è do-
vuto alla violenta espan-
sione dei gas che si tro-
vano nella sfera di fuoco a
temperature e pressione
estremamente elevate;
espansione che provoca
una compressione degli
strati di aria via via più
esterni (onda d'urto).

Quest'onda ha una durata di pochi secondi e si sv'
luppa in due tempi successivi, con una fase di com
pressione (positiva) ed una di depressione o di risuc
chio (negativa).

L'effetto radioattivo costituisce l'effetto peculiare
delle esplosioni ed è conseguente allo sprigionarsi di
radiazioni di varia natura,
alcune delle quali (raggi
gamma e neutroni) pos-
sono avere effetti letali sugli esseri viventi.
Le radiazioni sono *imme-*
diate, derivanti cioè dall'e-
splosione vera e propria, e

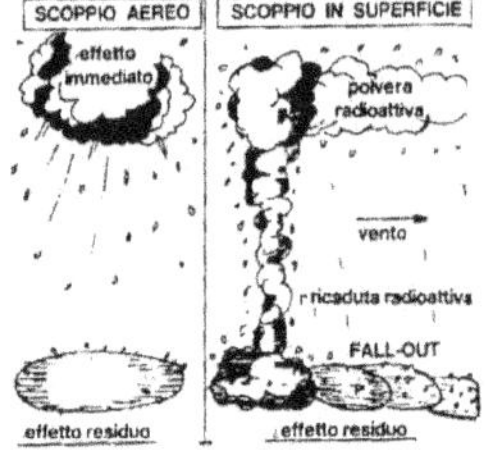

residue, provenienti da materiali vari resi radioattivi

da induzione neutronica (componenti atmosferiche e particelle solide e liquide provenienti dai primi strati del suolo).

Uno degli effetti collaterali più pericolosi è il cosiddetto "fall - out" (ricaduta), costituito da una enorme quantità di terriccio e polvere radioattivi che vengono sollevati a grandi altezze e trasportati dalle correnti, per ricadere a grande distanza dal punto di esplosione, interessando aree molto estese. Per questo motivo, unità anche non direttamente interessate dall'esplosione possono, da un momento all'altro, essere colpite da ricaduta radioattiva.

35. Effetti degli aggressivi chimici

a. Sono sostanze di varia natura chimica che agiscono:
   - su uomini, animali e piante instaurando processi fisio-patologici di varia natura ed entità;
   - sulle derrate alimentari e sulle acque alterandone la commestibilità e potabilità;
   - sulle armi, mezzi e materiali vari rendendoli inutilizzabili sino ad intervenuta bonifica.

b. Essi sono normalmente contenuti in proietti d'artiglieria e bombe a caricamento speciale che esplodono con rumore sordo e attutito, molto diverso da quello provocato da proietti o bombe convenzionali.

36. L'arma biologica

a. L'arma biologica presenta caratteristiche del tutto particolari che la differenziano sia da quella chimica, sia da quella nucleare. Essa prevede infatti

l'uso di organismi viventi (batteri, virus, ecc.)
prodotti del loro metabolismo (tossine, ormon
ecc.).
La pericolosità dell'arma biologica deriva, si;
dalla vastità dei territori che possono essere inte
ressati, sia dalla difficoltà di rilevazione prima ch(
gli effetti siano già in atto.

b. La disseminazione di agenti "B" può avvenire ;
mezzo di animali vettori (specialmente gli insetti)
mediante diffusione di aerosol inquinanti, a mezz(
di inquinamento di materiali di largo uso (giornali
denaro, elenchi telefonici, medicinali, acquedotti
ecc.).

37. La difesa NBC

a. Per difendersi dalla minaccia NBC, ogni combattente ha in dotazione i seguenti materiali:
   – maschera anti-NBC;
   – corredo individuale di autosoccorso;
   – indumento protettivo permeabile NBC;
   – blocchetto di rivelatori individuali (cartine) di
   aggressivi chimici.

b. La maschera anti-NBC serve a
proteggere le vie respiratorie e
gli occhi da contaminazioni N
(pulviscolo radioattivo), B e C
(vapori e gas)

c. Il corredo individuale di autosoccorso comprende,

in genere:
- una siringa già predisposta con un preparato idoneo a contrastare gli effetti dei gas nervini;
- un contenitore di polvere bonificante idonea ad assorbire e neutralizzare aggressivi allo stato liquido;
- medicinali antidolore e antishock;
- rivelatori (cartine; tamponi; ecc.) della presenza di aggressivi liquidi.

Nel contenitore del "corredo" sono inserite le ISTRUZIONI sull'impiego dei singoli prodotti, analogamente le ISTRUZIONI sull'impiego dei rivelatori di aggressivi sono riportate sulla custodia degli stessi.

38. Predisposizioni e comportamenti in caso di allarme NBC

a. In previsione di attacchi NBC:
- controllare la propria maschera anti-NBC;
- riporre nella gavetta i viveri non contenuti in confezioni ermetiche;
- tenere sempre la borraccia piena d'acqua;
- tenere le armi e l'equipaggiamento preservati all'interno del VCC (al coperto quando si è a terra);
- indossare al completo l'equipaggiamento previsto;
- fasciare eventuali abrasioni o piccole ferite sulla pelle esposta;
- individuare al più presto segni indicatori di un attacco NBC.

L'allarme viene dato mediante segnali convenzionali che tutti debbono conoscere. Possono essere

acustici (serie di colpi rapidi battuti a ritmo conti-
nuo su oggetti di metallo, colpi di clacson, ecc.) o ot-
tici (movimento agitato e ripetuto della persona
che indossando la maschera, o adottando altre pre-
videnze, richiama l'attenzione degli altri inducen-
doli a comportarsi nello stesso modo).

b. In caso di allarme NBC:
  - indossare immediatamente la maschera;
  - cercare la protezione del più vicino riparo;
  - chiudere i portelli se si è a bordo di un mezzo co-
    razzato;
  - attendere fino al segnale di cessato allarme.

AUTODIFESA CONTROAEREI

39. Generalità

a. Si può esercitare un'efficace autodifesa nei confronti di:
- aerei che volano lentamente
- elicotteri
- velivoli da ricognizione senza pilota
- aerei da combattimento che attaccano direttamente

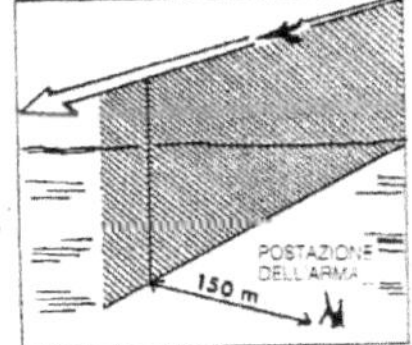

b. Per la condotta di una autodifesa efficace e per evitare di aprire il fuoco contro aeromobili amici, è necessario conoscere:
- i principi sui quali si basa il tiro controaerei;
- le modalità d'intervento.

40. Principi sui quali si basa il tiro controaerei (c/a)

a. Il tiro c/a si propone di colpire un bersaglio in movimento dirigendo il tiro in un punto futuro nello spazio, avanti all'aeromobile, diverso da quello in cui si trovava alla partenza del proiettile.
Tale anticipo dipende essenzialmente da due fattori:
- tipo di rotta percorsa dall'aeromobile;
- velocità.

b. La rotta può essere:

- *trasversale*, quando l'aereo passa lateralmente all'arma

– *longitudinale*, quando l'aereo passa sulla verticale dell'arma

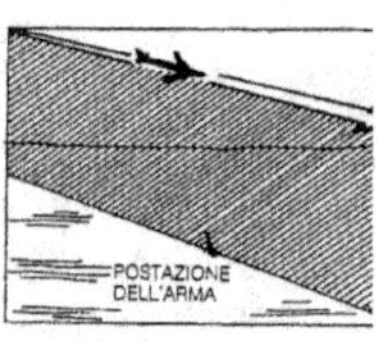

– *in diretto avvicinamento*, quando l'aereo si dirige sulla postazione dell'arma

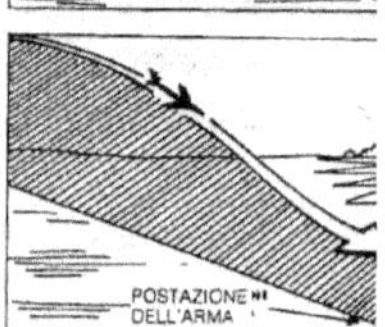

Di conseguenza l'anticipo sarà:
– necessario, per gli aerei in rotte trasversali e longitudinali;
– non necessario, per aerei in diretto avvicinamento.

L'entità dell'anticipo è funzione della velocità dell'aereo.

c. La velocità dell'aeromobile dovrà essere stimata a vista dal combattente.

A tale scopo gli aeromobili vengono classificati in due categorie:
– lenti: velivoli ad elica ed elicotteri;
– veloci: aerei a reazione.

Per le armi prive di congegno di puntamento c/a, l'anticipo deve essere valutato prendendo come punto di riferimento il bersaglio. Il tiratore dovrà dirigere il tiro su di un punto futuro che disti da quello presente:
– da 1 a 3 lunghezze apparenti, per aerei lenti;

— da 7 a 10 lunghezze apparenti, per aerei veloci.

d. Contro bersaglio in movimento, le distanze alle quali il tiro risulta più efficace, sono:
- 350 m per armi individuali e di reparto cal. 7,62 (Garand, FAL, MG 42/59);
- 1200 m per mitragliatrici cal. 12,7.

41. Modalità d'intervento

a. Il tiratore dovrà sempre ricercare l'assetto più corretto che gli consenta di ridurre le sollecitazioni derivanti dalla elevata celerità di tiro, sfruttando qualsiasi appoggio di circostanza (la posizione di tiro in piedi, in ginocchio, seduto a terra, sarà scelta in funzione sia dell'arma in dotazione sia del tipo di appoggio da sfruttare).

b. L'intervento prende le mosse dall'avvistamento di aerei o elicotteri non ancora indentificabili, effettuato da una o più vedette del servizio di sorveglianza ovvero da qualsiasi appartenente al reparto.

c. All'avvistamento segue subito l'allarme aereo ("ALLARME AEREO ORE...." oppure "ALLARME AEREO AVANTI — A DESTRA — A SINISTRA — DIETRO") che ha come conseguenza l'occupazione del posto di combattimento da parte di tutto il personale.

L'intervento delle armi è conseguente all'identificazione degli aeromobili nemici (effettuata in base al comportamento o al riconoscimento della sagoma o dei distintivi di nazionalità) e disciplinato dai seguenti ordini di controllo *impartiti dal Comandante dell'unità*:

- FUOCO LIBERO: tutto il personale apre il fuoco automaticamente e d'iniziativa indirizzandolo contro gli aerei attaccanti;
- FUOCO CONDIZIONATO: il personale apre il fuoco solo su ordine esplicito ("FUOCO CON-TROAEREO, NEMICO ORE...");
- SOSPENDERE IL FUOCO: la reazione viene immediatamente sospesa.

d. Il militare isolato può aprire d'iniziativa il fuoco contro un aeromobile soltanto se:
   - è attaccato;
   - ha riconosciuto con certezza, su esso, la presenza di distintivi di nazionalità appartenenti al nemico

Al riguardo del riconoscimento degli aerei amici durante il combattimento, ciascun militare riceve dal proprio Comandante le indicazioni riferite ai SEGNALI in base ai quali detti aerei tenderanno a farsi identificare.

CAPO X

DIFESA PERSONALE

42. Generalità

a. Di solito anche nel combattimento a brevissima distanza si impiega in primo luogo l'arma da fuoco e soltanto in casi eccezionali ci si difende con quella che viene definita "lotta corpo a corpo".

b. Le situazioni, più ricorrenti, nelle quali è necessario ricorrere alla difesa personale sono le seguenti:
   - quando si ha l'arma scarica e non si ha tempo di ricaricarla;
   - quando l'azione di fuoco potrebbe coinvolgere militari della propria unità;
   - quando è necessario fronteggiare l'avversario senza far rumore con l'uso delle armi;
   - quando si viene sorpresi disarmati.

c. Per una efficace condotta della difesa personale con la lotta "corpo a corpo" è necessario conoscere:
   - le parti sensibili e vulnerabili del corpo umano;
   - le più elementari tecniche di difesa.

43. Parti sensibili e vulnerabili del corpo umano

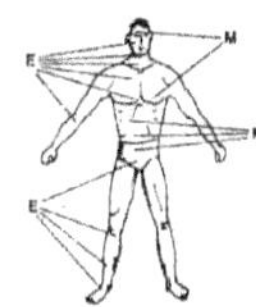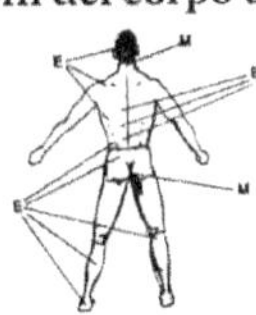

Un corpo contundente produce effetti:
- inabilitanti (e quindi EFFICACI);
- mortali,

nelle parti contrassegnate, rispettivamente, dalla lettera "E" ed "M".

44. Difesa contro attacchi portati da un avversario con la baionetta inastata sul fucile

a. Attacco frontale

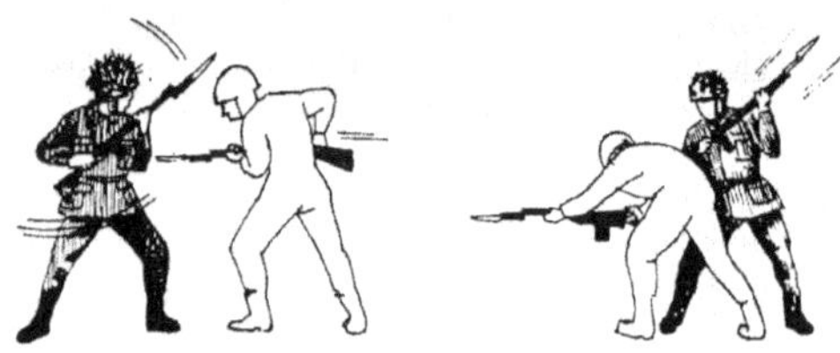

b. Attacco dall'alto

45. **Difesa contro attacchi portati da un avversario con il pugnale**

a. Attacco dall'alto

b. Attacco sul fianco

c. Attacco dal basso

46. Difesa da un colpo di bastone

47. Difesa da minaccia con pistola

a. Di fronte

b. Da tergo

48. Difesa da minaccia con fucile

a. Di fronte

b. Da tergo

CAPO XI

ORIENTAMENTO

49. Generalità

a. Il combattente normalmente marcia e agisce inquadrato. Talvolta può essergli affidato — isolatamente o in coppia — un compito particolare; oppure, può trovarsi isolato a causa delle vicissitudini del combattimento. Occorre quindi che in ogni momento, egli sappia rispondere ai seguenti interrogativi:
   - dove sono?
   - dove debbo andare?
   - per quale itinerario?

b. Il combattente capace di orientarsi su qualunque terreno, in ogni momento del giorno e della notte, è sicuro di trovare sempre la strada giusta e di arrivare, per la via più breve, a destinazione.

c. Orientarsi vuol dire:
   - stabilire la posizione dei punti cardinali;
   - individuare sul terreno la direzione da percorrere riferendola a tali punti.

d. Per stabilire la posizione dei punti cardinali si può ricorrere all'impiego di determinati metodi riferiti sia al giorno, sia alla notte, sia all'impiego della bussola, sia all'osservazione diretta del terreno ovvero a particolari di esso.

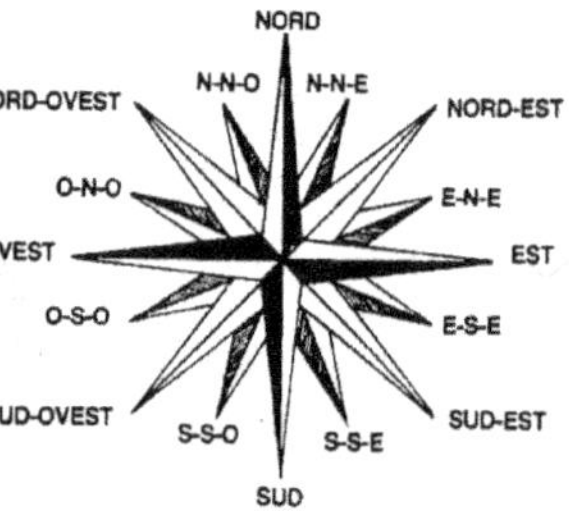

50. Metodi di orientamento di giorno

a. Di giorno l'orientamento può essere fatto:
   - con il sole;
   - con l'orologio,
   e con altri metodi (schizzi planimetrici; fotografie aeree; ecc.) utilizzati da militari specializzati e che, pertanto, esulano dalle finalità del presente MANUALE.

b. L'orientamento approssimativo con il sole può essere facilmente effettuato tenendo presente che l'astro, nelle varie ore della giornata, assume, rispetto alla terra, le seguenti posizioni

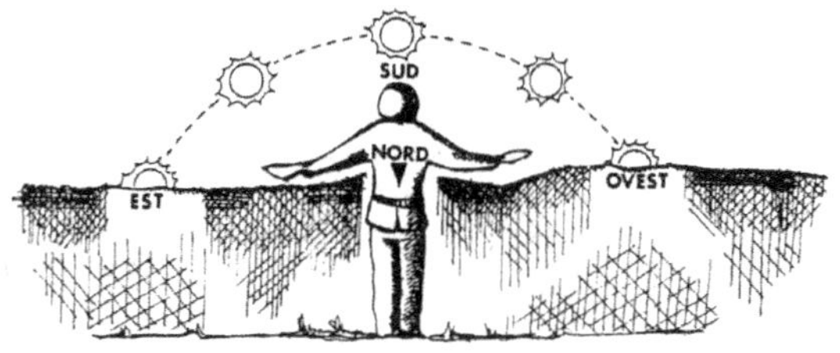

   - alle ore 6 è ad Est: l'ombra di un oggetto si proietta verso Ovest;
   - alle ore 9 è a Sud-Est: l'ombra di un oggetto si proietta verso Nord-Ovest;
   - alle ore 12 è a Sud: l'ombra di un oggetto si proietta verso Nord;
   - alle ore 15 è a Sud-ovest: l'ombra di un oggetto si proietta verso Nord-Est;
   - alle ore 18 è a Ovest: l'ombra di un oggetto si proietta verso Est.

c. Se il sole è chiaramente visibile, è anche facile orientarsi servendosi dell'orologio. A tal fine:
- si legge l'ora (tenendo presente che le ore pomeridiane debbono essere computate dalle 13 in poi) e la si arrotonda per difetto o per eccesso all'ora intera;
- si divide per metà il numero corrispondente all'ora così arrotondata;
- si determina, sulla scala delle ore del quadrante dell'orologio, il punto corrispondente all'ora dimezzata. Se, per esempio, sono le 1600, il punto ricercato cade in corrispondenza dell'indice delle ore 8;
- si dispone uno spillo (o un filo di paglia o un fiammifero), verticalmente sul quadrante, in corrispondenza del punto così determinato;
- si ruota l'orologio attorno all'asse delle lancette in modo da portare l'ombra dello spillo a coprire il centro del quadrante. L'allineamento 6-12 (nel senso dal 6 al 12) materializza la direzione del Nord

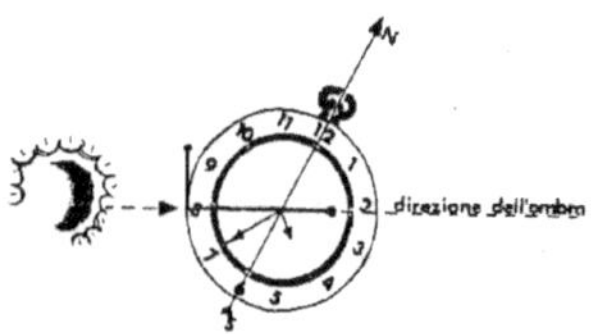

51. Metodi di orientamento di notte

a. Di notte l'orientamento può essere fatto:
- con la stella polare;
- con la luna.

b. Orientamento con la stella polare.
  La Stella Polare appartiene alla costellazione dell'Orsa Minore, comunemente denominata "Piccolo carro", in cui occupa l'estremità del timone.
  La Stella Polare indica esattamente il Nord.
  Per identificarla nella volta del cielo, occorre anzitutto localizzare l'Orsa Maggiore, costellazione molto evidente (simile e più grande dell'Orsa Minore), denominata comunemente "Grande carro"

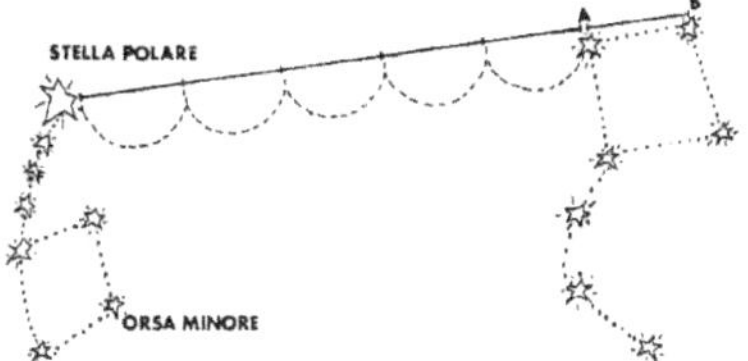

Identificato il "Grande Carro" (Orsa Maggiore), si valuta mentalmente la distanza esistente fra le due stelle, che si trovano allineate sull'orlo posteriore di esso (A-B). Si prolunga, quindi, tale distanza per cinque volte sino ad incontrare la Stella Polare.
Collocandosi con il viso rivolto alla Stella Polare e, con le braccia distese orizzontalmente, si avrà

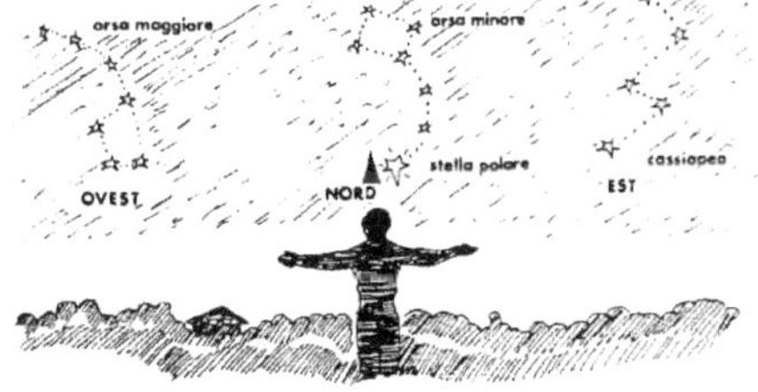

— di fronte, il Nord;
— alle spalle, il Sud;
— a destra, l'Est;
— alla sinistra l'Ovest.
Dal lato opposto dell'Orsa Maggiore, rispetto al Piccolo carro, vi è la costellazione "Cassiopea". Questa è circa alla stessa distanza che intercorre tra la Stella Polare e l'Orsa Maggiore; è facilmente riconoscibile dalla sua caratteristica forma a "W"

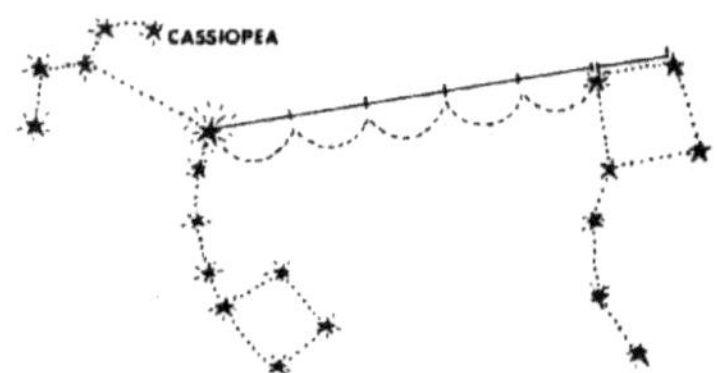

Ad essa si ricorre per cercare la Stella Polare quando l'Orsa Maggiore non è visibile perché al di sotto dell'orizzonte.
Durante l'inverno, la costellazione più visibile è quella di "Orione". Essa sorge ad Est e tramonta ad Ovest

c. Orientamento con la luna.

La luna ruota intorno alla terra compiendo un intero ciclo in circa 29 giorni. Durante tale periodo è più o meno visibile, o anche invisibile, dalla terra a seconda della sua posizione rispetto al sole.

I vari aspetti, sotto cui la si vede, determinano le quattro "fasi principali", ognuna delle quali dura poco più di 7 giorni:
– luna nuova (non visibile);
– primo quarto;
– luna piena;
– ultimo quarto.

Per l'orientamento con la luna, rammentare che:

– nel primo quarto
  • alle ore 18, è a Sud
  • alle ore 24, è ad Ovest

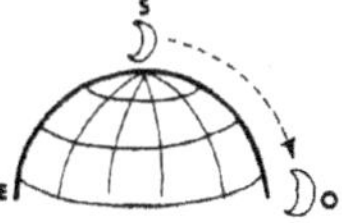

– nell'ultimo quarto
  • alle ore 24, è ad Est
  • alle ore 6, è a Sud

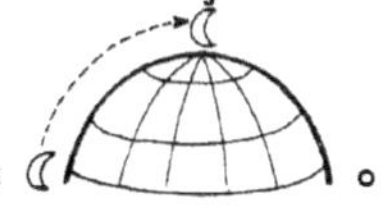

Per distinguere il primo dall'ultimo quarto, rammentare che:
– la luna crescente (che diventerà piena) ha la gobba a ponente;
– la luna calante (che tende a ridursi fino a non essere più visibile) ha la gobba a levante.

52. **Orientamento con la bussola**

a. Esistono diversi tipi di bussola:
  – comune

  – goniometrica

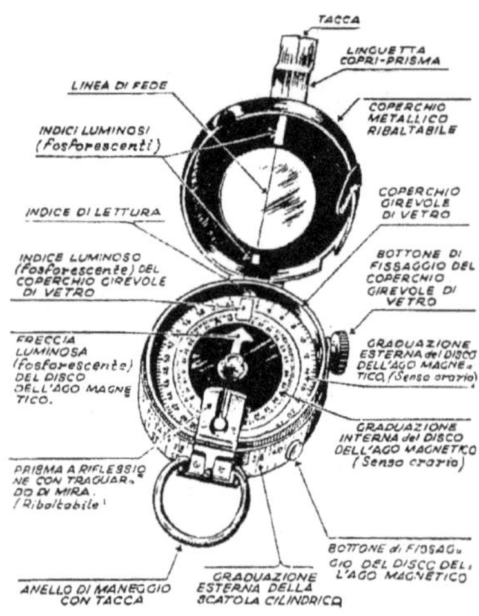

ed occorre tener presente che esistono due diversi NORD: geografico e magnetico

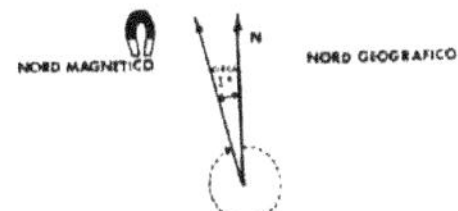

Il primo, è fisso e immutabile e corrisponde alla direzione del polo Nord; il secondo, varia da luogo a luogo e da periodo a periodo, ed è in corrispondenza della direzione verso la quale si dirige liberamente l'ago calamitato della bussola.
Per l'orientamento con una bussola comune

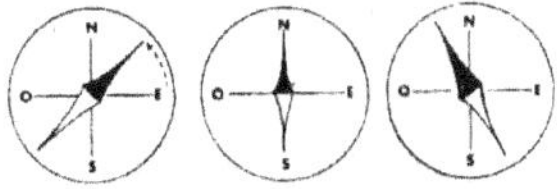

- disimpegnare la freccia nera dall'apposito arresto perché possa dirigersi liberamente verso il Nord magnetico;
- far coincidere in un primo tempo la freccia nera con il diametro segnato sul fondo interno dello strumento e contrassegnato con le lettere N-S (Nord-Sud) così da ottenere l'orientamento dell'asse della bussola (Nord-Sud) al Nord magnetico;
- far quindi coincidere, spostando leggermente la bussola, la punta della freccia nera con l'indice (o tacca, o freccia) posto nella bussola pochi gradi a sinistra della lettera N, ottenendo così che l'asse N-S della bussola sia orientato al Nord

geografico

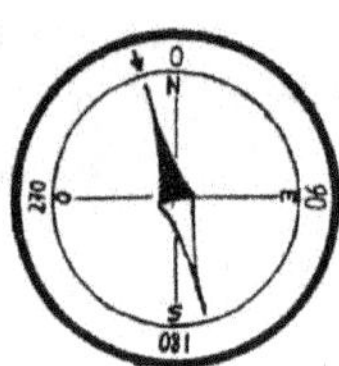

È necessario curare che, durante le operazioni di orientamento, la bussola sia tenuta perfettamente orizzontale e lontana da oggetti metallici (fucili, baionette, elmetti, ecc.) o condutture elettriche.
Disponendo di una bussola goniometrica e conoscendo l'esatto valore dell'angolo compreso tra il Nord geografico e quello magnetico l'individuazione del primo può essere fatta con maggiore esattezza, avvalendosi delle graduazioni riportate su questo tipo di bussola.

53. Orientamento mediante osservazione diretta del terreno

a. L'osservazione diretta del terreno, quando si tratta di zone adiacenti a quella in cui si sosta, consente di orientarsi anche se non si dispone di mezzi che facilitano l'orientamento.
Si tratta di un lavoro paziente, costante, che permette, acquisita la necessaria esperienza, di stabilire da quale parte sorga il sole, quale sia la disposizione di un edificio importante (caserma, chiesa, fabbrica), o di un punto caratteristico del terreno (ponte, gruppo di alberi, casolare isolato, piccola altura, ecc.), rispetto ai punti cardinali.

b. A tal fine, è opportuno determinare, sin dal primo giorno di permanenza in una determinata zona, l'orientamento dei punti caratteristici del terreno e di quelli lontani delimitanti l'orizzonte visivo. Il riferimento a questi punti consentirà di non perdere l'orientamento anche quando si è fuori della zona conosciuta e, quindi, di rifare agevolmente il cammino percorso e raggiungere la meta.

USO della CARTA TOPOGRAFICA

54. Generalità

a. La carta topografica è una rappresentazione grafica di una parte più o meno grande della superficie terrestre in una determinata scala. Essa contiene tutti i segni, i simboli e le designazioni per orientarsi sul terreno.

b. Le carte maggiormente in uso sono costruite, in genere, alla scala 1:100.000, 1:50.000 ed 1:25.000.
Ciò significa che ad un centimetro misurato sulla carta corrispondono, sul terreno, rispettivamente:
- 100.000 cm (= 1 Km)
- 50.000 cm (= 0,5 Km)
- 25.000 cm (= 0,250 Km)

come mostra l'esempio riferito ad una carta alla scala 1:50.000.

55. Orientamento della carta topografica

a. Per servirsi di una carta topografica bisogna, innanzi tutto, orientarla. Ogni carta è costruita in modo che il lato superiore rappresenti il Nord; l'inferiore il Sud; il destro, l'Est; e il sinistro, l'Ovest.

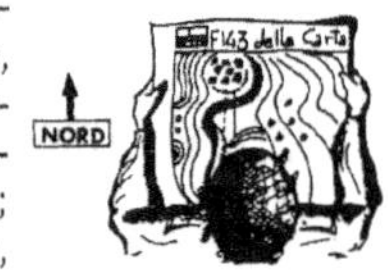

noti sul terreno) si individuano sulla carta topografica e sul terreno due allineamenti corrispondenti: per esempio un tratto rettilineo di una strada

Si dispone, quindi, la carta orizzontale e la si fa ruotare finché i due allineamenti (carta-terreno) risultano paralleli e disposti nello stesso senso: allora la carta sarà orientata. Per evitare che la stessa risulti orientata alla rovescia, bisogna essere sicuri dei riferimenti, ricorrendo al controllo di altri due o tre punti caratteristici, non equivocabili (nel caso esaminato il segnale chilometrico ed il bivio).

b. Nel secondo caso (individuazione, sulla carta, di punti caratteristici del terreno) si scelgono sul terreno due punti caratteristici della zona in cui ci si trova. Individuati detti punti sulla carta, si traccia il loro allineamento e ci si sposta opportunamente sul terreno, fino a trovarsi in coincidenza con l'allineamento reale dei due punti (o sul prolungamento, o in posizione intermedia tra i due punti scelti)

Non potendo portarsi sull'allineamento, disporsi di lato, in una posizione possibilmente intermedia ai punti stessi e cercare di rendere parallelo l'allineamento segnato sulla carta con quello individuato sul terreno.

c. Conoscendo il punto di stazione sul terreno, si può:
  - individuare esattamente sulla carta il punto di stazione stesso;
  - osservare sul terreno qualche punto caratteristico (campanile, casa, altura, ponte) e individuarlo sulla carta;
  - ruotare la carta in modo che il punto di stazione e il punto caratteristico — individuati sulla carta — risultino sullo stesso allineamento determinato fra i due punti del terreno.

58. Orientamento della carta topografica di notte

Basta impiegare uno dei seguenti metodi:
- con la bussola (è il più preciso);
- con la luna;
- con la stella polare

CAPO XIII

SCELTA di un ITINERARIO

59. Generalità

a. Nel Capo I "Utilizzazione dell'ambiente" sono state
fornite indicazioni volte alla scelta dei percorsi da
utilizzare in occasione di movimenti nel contesto
dell'area battuta dal fuoco del nemico.
Nel presente Capo vengono esaminati i movimenti
svolti in zona anche controllata dall'avversario, ma
non durante lo svolgimento di azioni di combattimento vere e proprie.

b. Gli elementi da tener presenti nello scegliere un itinerario (o riconoscerne uno già percorso) riguardano:
   - le caratteristiche che deve possedere un itinera-
     rio;
   - le modalità per riconoscere un itinerario già per-
     corso;
   - le conoscenze sulle previsioni del tempo per
     quanto le condizioni meteo possono influire
     sulla scelta del momento in cui intraprendere il
     movimento.

60. Caratteristiche di un itinerario

a. L'itinerario ideale dovrebbe offrire per tutta la sua
lunghezza:
   - protezione dall'osservazione e dal fuoco del ne-
     mico;
   - buoni punti di osservazione e idonee postazioni
     per armi.

Generalmente, la prima esigenza è in contrasto con la seconda in quanto, per trovare copertura e protezione dal fuoco avversario, è, spesso, necessario portarsi in zone che limitano la possibilità di osservazione e di tiro.

b. Se si deve percorrere un itinerario di giorno, preferire quello più breve, sempre che offra adeguata copertura e buone possibilità di osservazione.

Si debbono: evitare zone scoperte dove si suppone la presenza dell'avversario e l'esistenza di ostacoli di rilievo; sfruttare zone boscose, zone defilate, fossati o letti di corsi d'acqua incassati, filari di alberi; tener conto che la vegetazione del sottobosco, se troppo fitta, è di ostacolo al movimento; rammentare che le condizioni atmosferiche possono influire anche notevolmente sulla percorribilità e, quindi sulla scelta di un itinerario (le forti piogge possono riempire d'acqua i fossi e gli avvallamenti, rendendoli così impraticabili; la nebbia può ridurre la visibilità, ecc.).

c. Se si deve percorrere un itinerario di notte, evitare zone fittamente cespugliose in quanto, anche inavvertitamente, si verrebbero a provocare rumori. Evitare fattorie e casolari in quanto possono occultare avversari o civili ostili.

61. Riconoscimento di un itinerario già percorso

a. Si deve tener presente che:
   - è molto importante tenere a mente la strada percorsa. Conviene quindi, volgersi indietro, ad intervalli regolari (di notte ogni 10 metri circa) e fissare sul terreno punti di riferimento che age-

volino il riconoscimento del percorso di ritorno;
- può essere molto utile lasciare lungo l'itinerario
  segni indicanti la direzione (mucchietti di pietre,
  segni sugli alberi, ecc.);
- percorrendo la strada di ritorno, in previsione di
  doverla rifare di notte, tener conto di quei punti
  caratteristici che possono essere riconosciuti
  nell'oscurità.

b. Nel caso si sia smarrita la strada:
- mantenere, anzitutto, la calma, fermarsi un momento e domandarsi:
  • da quanto tempo sono in cammino?
  • che strada ho percorso?
  • che cosa ho incontrato?
  in modo da avere elementi sicuri per rintracciare
  la strada giusta;
- guardarsi intorno: se c'è un albero o un'altura
  nelle vicinanze, utilizzarli per osservare il terreno circostante al fine di trovare qualche indicazione per riprendere il retto cammino. Se tutto
  è stato inutile e comincia ad annottare, conviene
  fermarsi sul po-
  sto ed attendere
  l'alba, cercando
  nelle immediate
  vicinanze un ri-
  paro dalle intem-
  perie, dal freddo e
  che dia sicurezza.

Se si vedono luci nelle vicinanze, non dirigersi

subito verso di esse: potrebbe trattarsi di avversari. Nel dubbio, si deve attendere il giorno per assicurarsi.

62. Cenni sulle previsioni del tempo

a. Poter contare su una buona previsione delle condizioni atmosferiche, rappresenta, per il combattente, un vantaggio che lo mette in condizioni di utilizzare gli elementi favorevoli per il movimento e di organizzarsi per limitare gli svantaggi.

b. I fenomeni celesti possono costituire apprezzabili indizi nella previsione del tempo. Se ne indica qualcuno, fra i più noti:
   - aurora rossa: buon tempo stabile;
   - mattina rossastra: probabile pioggia;
   - nebbia e rugiada al mattino: probabile buona giornata;
   - giallo al tramonto: probabile cattivo tempo e vento;
   - rosso di sera: probabile buon tempo;
   - arcobaleno: variazione di tempo.

c. Indizi di cattivo tempo possono essere:
   - tremolio delle stelle. Più forte è il tremolio, più presto è da attendersi il cambiamento del tempo;
   - alone biancastro intorno al sole o intorno alla luna: indica il sopraggiungere di tempo cattivo, spesso con 36 ore di anticipo;
   - formazione contemporanea di nuvole di diverso tipo (a cumuli, a pecorelle, sfilacciate): indica cattivo tempo immediato;
   - formazione rapida di nuvole, che si innalzano celermente in grossi cumuli: indica tempesta o, in

estate, temporali con grandine;
- fumo denso che non si dissipa;
- aria pesante;
- animali agitati e uccelli — specie le rondini — in volo bassissimo.
d. Indizi di tempo buono possono essere:
- nuvole sfilacciate a grande altezza, al disotto delle quali passano velocemente nubi a cumuli: il tempo è in miglioramento;
- nuvole a cumuli non molto grandi, moventi nella stessa direzione del vento: il tempo è in miglioramento;
- comparsa della nebbia alla sera, dopo una giornata di cattivo tempo;
- fumo dissipantesi rapidamente;
- animali quieti e tranquilli;
- forte freddo, sopravvenuto nella notte e mitigatosi durante il giorno, in ripresa alla sera: indica tempo stabile, sereno e freddo.

CAPO XIV

STAFFETTE

63. Generalità

a. La staffetta viene impiegata per recapitare plichi, carte topografiche, fotografie, lucidi, ecc. e rappresenta, in certe fasi del combattimento, il mezzo più sicuro per trasmettere un ordine o un avviso (°).
Essa deve, quindi, essere ben compresa dell'importanza del servizio che le viene affidato e della responsabilità che ne deriva.

b. La staffetta può, peraltro, in particolari casi essere incaricata anche di portare notizie a voce.

c. L'equipaggiamento normale di una staffetta prevede lampadina a pila, carta topografica o schizzo privi di segni riportati, quaderno dei messaggi, orologio e bussola.
La staffetta dev'essere:
  − alleggerita al massimo dell'equipaggiamento;
  − armata di arma individuale e bombe a mano.

d. La staffetta deve saper:
  − trasmettere messaggi verbali o scritti;
  − usare la bussola per l'orientamento o per seguire la direzione assegnata;
  − leggere la carta topografica o uno schizzo;
  − scegliere le strade che offrono la migliore copertura in relazione al tempo di consegna.

(°) Il Capo prende in esame le staffette appiedate. In particolari situazioni la staffetta può essere dotata di motociclo, o può essere trasportata con qualsiasi altro mezzo.

64. Impiego delle staffette

a. Quando il compito è particolarmente difficile, le staffette vengono impiegate in coppia.
I due componenti si tengono collegati a vista ad una distanza tale da evitare di cadere nella stessa imboscata o sotto il fuoco di una stessa arma avversaria.
Ciascuna delle due staffette può essere inviata, contemporaneamente, su itinerari diversi.

b. La staffetta, per assolvere il compito, deve conoscere esattamente:
   - a chi va recapitato il dispaccio;
   - l'urgenza di esso e, quindi, l'andatura da seguire;
   - l'itinerario da percorrere;
   - i punti pericolosi da evitare;
   - se si chiede risposta;
   - dove presentarsi nel caso non fosse possibile consegnare il messaggio;
   - eventuali istruzioni particolari.

c. Qualora la staffetta abbia ricevuto l'ordine di mostrare il messaggio a più Comandanti, deve farsi apporre una firma da essi dopo la lettura.
Qualora non riesca a trovare il destinatario del messaggio, deve presentarsi, senza perder tempo, al Comando predesignato o più vicino per chiedere istruzioni.

d. La staffetta ha il dovere di portare a termine, ad ogni costo, la sua missione: se ferita, rimette ad altri il dispaccio o la comunicazione verbale che è incaricata di portare.
Qualunque militare riceva da una staffetta ferita l'incarico di recapitare un ordine o un avviso, scritto o verbale, ha l'obbligo di adempiere nel

modo più sollecito.
Se la staffetta è sul punto di cadere prigioniera distrugge il messaggio ed è debito d'onore non rivelarne il contenuto.

CAPO XV

ATTIVITÀ INFORMATIVA

65. Generalità

L'attività informativa può essere diretta o intesa a:
- ricercare (elaborare e diffondere) dati sul nemico e sull'ambiente naturale al fine di individuare le possibilità del nemico e/o le sue vulnerabilità (attività informativa offensiva);
- prevenire, reprimere e combattere l'analoga attività da parte del nemico (attività informativa difensiva o controinformativa).

66. Attività informativa offensiva

a. Ciascun militare alle armi od in congedo — quali che siano il grado e l'incarico ed in qualsiasi posizione si trovi — ha il dovere di contribuire alla raccolta dei dati informativi.

   Qualsiasi notizia di cui il militare viene a conoscenza può costituire elemento utile, spesso determinante, per la difesa della Patria. Pertanto, essa deve essere comunicata subito ai superiori diretti se il militare è in servizio; al proprio Distretto, se in congedo.

b. I dati informativi sono generalmente ricavati, in tempo di guerra, mediante:
   - l'osservazione;
   - l'interrogatorio di prigionieri di guerra o di civili provenienti da territorio nemico o occupato dal nemico;
   - l'esame dei documenti e materiali catturati.

c. L'osservazione, attuata di giorno e di notte, sia a vista che con il concorso di adeguati mezzi tecnici, costituisce il mezzo principale per l'acquisizione di notizie sull'avversario e sull'ambiente in cui opera. Occorre:
  - valutare attentamente ogni fatto rilevato per evitare errori, esagerazioni e false interpretazioni;
  - imprimere nella memoria quello che è stato osservato, prenderne nota e comunicarlo al proprio Comandante.

Quale che sia l'oggetto dell'osservazione è necessario per non commettere errori ed ottenere una informazione completa, rispondere mentalmente a quattro domande:
  - Che cosa è stato osservato?
  - Quando?
  - Dove?
  - Come, che cosa sta facendo?

La comunicazione al proprio Comandante, sia che venga effettuata verbalmente sia per iscritto, deve contenere in forma chiara e semplice la risposta a queste domande

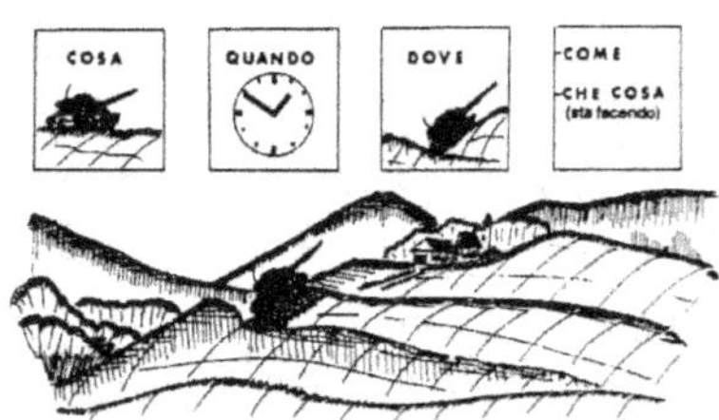

d. È prigioniero di guerra "il militare catturato o disertore".

Il prigioniero di guerra, appena catturato, deve essere sottoposto ad un particolare trattamento per renderlo inoffensivo e per facilitarne il successivo interrogatorio da parte di personale specializzato.

e. Tutti i civili provenienti dal territorio nemico (profughi, rifugiati politici, ecc.) debbono essere trattati inizialmente come prigionieri (perquisizione e smistamento a tergo). Spetta ai Comandanti superiori decidere il successivo, diverso trattamento che loro compete.

67. Attività controinformativa

a. Se la raccolta dei dati informativi è di somma importanza per noi, lo è altrettanto per il nemico; è da presumere quindi, che svolgerà azioni analoghe alle nostre, seguendo gli stessi procedimenti ed accorgimenti.

L'attività rivolta ad impedire od ostacolare tali azioni prende, nel suo complesso, il nome di ATTIVITÀ CONTROINFORMATIVA.

Ad essa sono preposti personale ed Organi particolari, altamente specializzati.

Tutti i militari indistintamente debbono, tuttavia, adottare i provvedimenti precauzionali indispensabili per sottrarre se stessi e l'apparato militare all'attività informativa del nemico.

b. In guerra tali provvedimenti consistono, di massima, nel:

    – sottrarsi all'osservazione, evitando movimenti o rumori che consentano l'individuazione da parte

del nemico;
- non portare lettere o documenti al seguito durante le azioni;
- osservare particolari norme di contegno in caso di cattura (1).

c. Lo spionaggio è effettuato da **AGENTI** particolarmente addestrati che si avvalgono di ogni mezzo (danaro, donne, ricatto) e sfruttando qualsiasi manchevolezza (negligenza, ignoranza, credulità, vizio, cattiva condotta, ecc.) per ottenere notizie sull'organizzazione militare da parte di elementi più sensibili alla loro subdola azione.

d. I militari di qualsiasi grado, in relazione all'incarico disimpegnato ed all'ambiente in cui vivono, sono a conoscenza di qualche cosa che il nemico desidererebbe sapere.
Una notizia fornita al nemico, anche se di scarso valore, può offrire importanti indizi sulla nostra attività e provocare conseguenze incalcolabili.

e. È, pertanto, dovere di tutti:
- tacere sempre, dovunque e con chiunque; mantenere cioè il massimo riserbo su tutto ciò che si riferisce alla propria attività ed a quella del proprio reparto;
- mantenere comportamento ineccepibile in pubblico ed in privato, onde evitare che il nemico possa sfruttare un momento di debolezza come arma di ricatto;
- non trattare mai, nelle lettere indirizzate a parenti o amici, argomenti di carattere militare, sia pure in forma velata od allusiva;

(1) Vedasi successivo Capo XVIII.

- diffidare delle nuove amicizie, specie se si sviluppano in circostanze poco chiare e se allacciate con cittadini stranieri o persone residenti all'estero.

f. Qualora sorga il sospetto di essere oggetto dell'attività informativa nemica, occorre:
  - mantenere l'atteggiamento abituale e non dimostrare di nutrire sospetti;
  - riferire subito ogni particolare al proprio Comandante che provvederà a segnalare i fatti agli Organi competenti.

Fornire notizie all'avversario, sia pure involontariamente, costituisce:
  - un grave reato perseguito dal Codice Penale Militare, sia in tempo di pace che in tempo di guerra;
  - un atto di tradimento verso la Patria.

CAPO XVI

SOPRAVVIVENZA

68. Generalità

a. Sopraffare l'avversario è la cosa più importante da perseguire sul campo di battaglia. Premessa indispensabile per ottenere tale risultato è riuscire a sopravvivere conservando l'efficienza fisica.
Fattori primari della sopravvivenza sono quelli cui si è già accennato nel corso della trattazione dei vari aspetti dell'addestramento e che possono essere così sintetizzati:
   - tenersi costantemente in condizioni di colpire il nemico, conservando nel contempo la massima protezione possibile dalla sua osservazione e dal suo tiro;
   - conservare le armi sempre a portata di mano ed in perfetta efficienza.
b. Vi sono tuttavia altri e non meno importanti fattori di sopravvivenza che possiamo così raggruppare:
   - curare l'efficienza del proprio corpo in ogni circostanza;
   - conoscere le tecniche di fuga per evadere o sfuggire alla cattura (descritte al successivo Capo XVIII) e almeno nozioni elementari di pronto soccorso (Capo XVII).

69. Igiene e salute

a. Poiché la parte più importante del corpo è il cervello, è anzitutto indispensabile conservare un'appropriata igiene mentale.

La paura è un'emozione naturale dell'uomo ed ha presa sia sulla mente, sia sul corpo. Occorre imparare a controllarla ed usare i suoi effetti per incrementare la propria efficienza.

La paura, infatti, provoca:
- allargamento delle pupille e conseguentemente ampliamento delle facoltà visive;
- respirazione e battito cardiaco più forti;
- maggiore forza muscolare e minori tempi di reazione del sistema nervoso;
- acuirsi di tutte le percezioni connesse con l'istinto di conservazione.

Il controllo della paura si acquisisce mediante l'abitudine a provarla e superarla.

Per superare la paura occorre:
- trattenere la propria immaginazione invece di lasciarla correre senza freno;
- costringersi a ripensare a momenti della propria vita in cui si è provata paura per cause inesistenti e cercare di riderne;
- ricordarsi che non si è soli bensì parte di un gruppo affiatato anche quando non si è in condizione di vederne tutti i componenti e rammentare che essi sono pronti ad aiutare ognuno che si trovi in difficoltà;
- pensare a tutto l'addestramento effettuato ed alle proprie buone condizioni fisiche e convincersi che ciò aiuterà a cavarsela in ogni circostanza.

b. La salute del corpo è dunque importante non solo di per sé, ma anche perché aiuta a superare la paura. Il combattente deve tendere a mantenersi sempre efficiente, come un atleta in periodo di allenamento.

Egli dovrà perciò:

- evitare sforzi e fatiche superflui;
- dormire su superficie idonea al riposo, ancorché dura, cioè asciutta e non ruvida;
- scegliere, per il riposo, luoghi che consentano di allungare le gambe;
- avere cura di nutrirsi in modo equilibrato, ingerendo quantità appropriate di cibi solidi e liquidi;
- evitare quantità eccessive di bevande alcoliche e fumare con moderazione;
- mantenere pulito l'occorrente per mangiare e bere;
- curare l'igiene e la pulizia.

Particolare cura dovrà essere posta nel mantenere sani e puliti i propri piedi

...LAVARE ed ASCIUGARE ....MASSAGGIARE   ...USARE TALCO

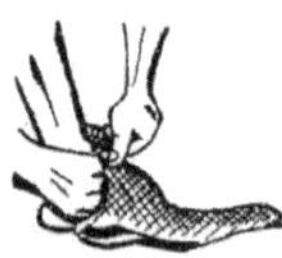

...METTERSI CALZE   ....NON ALLACCIARE STRETTO   ...MUOVERE le DITA dei PIEDI,
PULITE ed ASCIUTTE   nelle SOSTE

c. Ogni norma igienica elementare dovrà essere osservata anche per tutte le rimanenti parti del corpo. Si rammentano di seguito gli accorgimenti più comuni:
  - detergere il corpo ogni giorno, almeno con un panno bagnato (in caso di scarsa disponibilità di acqua);
  - lavarsi completamente e con sapone almeno una volta la settimana;
  - non mantenere addosso indumenti bagnati di sudore o altro;
  - curare subito le vesciche, bucandole con ago disinfettato (alla fiamma, se manca altro modo), asciugandone il liquido, coprendole con cerotto e garza;
  - lavare i denti una volta al giorno;
  - tenere i capelli corti e puliti;
  - non usare mai medicinali senza interpellare il sanitario;
  - non bere mai acqua di dubbia potabilità.

NOZIONI ELEMENTARI di PRONTO SOCCORSO

70. Generalità

Un pronto e tempestivo soccorso può essere decisivo per evitare ad un ferito od alla vittima di un infortunio, conseguenze gravi ed irreparabili.
Di seguito sono elencati i casi che più frequentemente si possono verificare sul campo di battaglia e, per ciascuno di essi, i comportamenti che il combattente deve tenere per assicurare ad altro combattente in difficoltà l'aiuto necessario, in attesa di un intervento medico.

71. Ferite lievi

Il trattamento primario di una ferita deve tendere a:
— fermare il sangue che fuoriesce;
— impedire che la ferita si infetti.
Le operazioni da compiere per arrestare il sangue sono illustrate nel successivo paragrafo "emorragia".
Per evitare, invece, le infezioni si può operare nel modo seguente:
— non pulire i bordi della ferita: non lavare, succhiare o disinfettare la ferita, per evitare che sotto i bordi penetrino sostanze infette;
— non asportare corpi estranei: con tale manovra, si possono ledere dei vasi sanguigni.
  Nel caso di leggere ferite agli arti, tenerli alzati per frenare l'emorragia;
— medicare con materiale sterile, aprire il pacchetto di medicazione senza toccare con le mani la garza;

in caso di emergenza, prendere la parte interna d'un fazzoletto pulito, oppure d'una salvietta. Usare per le piccole ferite cerotto adesivo con tampone di garza sterile; non applicare mai cotone idrofilo direttamente sulla ferita.

72. **Emorragia**

In caso di emorragia esterna (quella interna è cosa molto più complessa) si può ridurre il deflusso del sangue applicando il laccio emostatico.
Occorre tenere presente alcune norme fondamentali:
- il laccio deve essere di materiale elastico (bretelle, cinghie, striscie di camere d'aria, ecc.);
- il laccio va applicato quanto più vicino possibile alla lesione e deve essere sufficientemente stretto in modo da bloccare il flusso dei vasi sanguigni a monte, vale a dire: al di sopra della ferita se l'emorragia è arteriosa (°) al di sotto se è venosa;
- il laccio deve essere assolutamente rimosso dopo due o tre ore al massimo e durante tale periodo deve essere allentato per due o tre minuti ogni venti-trenta minuti.

73. **Soffocamento**

Il primo soccorso consiste nel praticare la respirazione artificiale dopo aver provveduto a liberare bocca e naso da eventuali oggetti o strumenti e dopo

---

(°) L'emorragia arteriosa è riconoscibile dal fatto che il sangue esce zampillando con forza ed appare di un rosso vivo e di aspetto schiumoso.

aver provveduto ad allontare l'infortunato dall'acqua e dall'atmosfera avvelenata dai gas

74. **Respirazione artificiale (metodo OLGAN-NIELSEN)**

Con questo metodo il soccorritore immette aria aspirata dai propri polmoni in quelli dell'infortunato. Schematicamente le operazioni da compiere sono le seguenti:

- il capo dell'infortunato deve essere rovesciato all'indietro e la lingua, se arrotolata, deve essere afferrata e riportata in posizione normale

- si stringono con le dita di una mano le narici e con l'altra si spinge in basso la mandibola in modo da aprire completamente la bocca (questa posizione deve essere mantenuta per tutto il tempo della respirazione artificiale)

- si incollano le labbra alla bocca dell'infortunato dopo aver inspirato profondamente e, quindi, si espira nella bocca dell'infortunato in maniera da convogliare l'aria nei suoi polmoni

- si ripete l'operazione ogni 4-5 secondi sino a quando non è in grado di respirare da solo

75. Asfissia

Si verifica quando l'ostruzione interessa la trachea.
Un soggetto in asfissia presenta un colorito scuro della cute del volto ed ha forti difficoltà nel respiro.
È necessario rimuovere subito le cause dell'ostruzione, dando dei colpi secchi nelle scapole del paziente o cercando di estrarre con le dita qualsiasi cosa blocchi il fondo della gola.

76. Folgorazione

In caso di folgorazione occorre innanzitutto interrompere il flusso di corrente. Se ciò è impossibile, si deve staccare l'infortunato dalla corrente elettrica usando materiale non conduttore (legno, gomma o carta ripiegata). Se necessaria, si deve iniziare la rianimazione d'emergenza consistente nella respirazione artificiale e nel massaggio cardiaco (in caso di arresto del battito del cuore).

77. Massaggio cardiaco

Si opera nel modo seguente:
- stendere l'infortunato sul dorso, su di una superficie dura;
- da posizione in ginocchio esercitare, con i palmi delle mani sovrapposti (braccia distese) una energica pressione sulla parte inferiore dello sterno;
- ripetere il movimento con un ritmo di 60 compressioni al minuto fino a quando si sente il battito cardiaco a livello del collo e dell'inguine

78. Fratture

a. Fratture del cranio.
   Distendere il ferito su di un fianco mettendo compresse di garza sulla ferita al cuoio capelluto in modo da arrestare la perdita di sangue ed evitare infezioni. In caso di emorragia dall'orecchio, il fianco deve essere lo stesso dell'orecchio sanguinante in maniera tale da facilitare la fuoriuscita del sangue. Per tale motivo è anche opportuno non tamponare l'orecchio ma soltanto applicarvi delle compresse di garza sterile.

b. Frattura della clavicola.
   Mettere dapprima uno spessore (cuscinetto — abiti ripiegati — grosso tampone di ovatta) sotto l'ascella, quindi, con molta cautela, ripiegare l'avambraccio obliquamente sul petto, con la mano aperta e le dita rivolte verso la spalla opposta e mantenere

questa posizione con una benda triangolare a bandoliera, in maniera da allentare la tensione dell'arto superiore sulla clavicola fratturata.

In caso di trasporto lungo o su terreno accidentato è bene anche fissare il braccio al tronco con l'aiuto di grosse bende.

c. Fratture dell'arto superiore (braccio — avambraccio — polso — mano)

Per le fratture del braccio e dell'avambraccio ripiegare delicatamente il gomito mettendo l'avambraccio di traverso al petto, dopo aver creato uno spessore protettivo tra il petto e l'arto leso. Sospendere l'avambraccio con una benda triangolare ad armacollo

In caso di viaggio lungo e difficoltoso, fissare l'arto superiore al tronco come per le fratture della clavicola.

Per le fratture del polso e della mano, dopo aver ripiegato il gomito, si deve proteggere la parte di arto lesa e mantenerla sospesa con una solida benda triangolare a bandoliera.

d. Fratture dell'arto inferiore (femore — gamba — piede).

Cercare di allineare la gamba fratturata con l'altra. Quindi, dopo aver disposto degli spessori fra le cosce, le ginocchia e le caviglie, legare tra di loro queste parti con delle bande larghe, in maniera anche che un trasporto lungo o su terreno accidentato non provochi successive sollecitazioni dolorose sull'arto infortunato.

In caso di frattura del piede è opportuno lasciare al loro posto le calzature che agiranno come supporto rigido

e. Fratture della colonna vertebrale.

Il traumatizzato vertebrale deve essere raccolto con la massima cura ed attenzione evitando spostamenti bruschi, flessioni o rotazioni della colonna. È sempre preferibile non muoverlo se non in presenza di un sanitario.

f. Effetti lesivi del calore.

Gli effetti lesivi più frequenti prodotti dal calore sono rappresentati dalle scottature e dalle bruciature. In questi casi:
- alleviare il dolore, immergendo la parte colpita in acqua fredda pulita o cospargendovela sopra;

- applicare successivamente, sulla sede delle lesioni, pomate adatte (o, in assenza di esse, olio o burro) e coprire con compresse di garza sterili e fasciare con bende.

Allorché gli abiti hanno preso fuoco, se non si dispone di acqua, occorre stendere l'infortunato a terra ed avvolgerlo con coperte, tappeti o panni.

Per gli effetti lesivi che vanno sotto il nome di "colpo di calore" o "colpo di sole", il trattamento consiste nel:

- togliere l'infortunato dall'ambiente caldo, portandolo in un luogo riparato e fresco;
- liberarlo dai vestiti troppo stretti;
- raffreddare la sua temperatura corporea servendosi di bagni freddi o avvolgendolo in lenzuola bagnate;
- favorire l'evaporazione del sudore facendogli vento;
- fargli bere acqua tiepida e salata.

g. Effetti lesivi del freddo.

Gli effetti lesivi del freddo sono rappresentati dall'assideramento o dall'anestesia (addormentamento) della parte (dita delle mani e dei piedi, padiglioni auricolari, narici) fino alla vera e propria necrosi.

In tutti i casi il trattamento consiste nel:

- togliere, al più presto, l'infortunato dall'ambiente freddo e portarlo, se possibile, in ambiente chiuso o almeno riparato (tronchi d'albero, muretti, ecc.) ma non vicino a fuoco;
- coprire l'infortunato con coperte, proteggendo le parti del corpo più esposte;

- asciugare eventuali parti bagnate perché l'a-
zione dannosa del freddo è maggiore su di un
corpo bagnato rispetto ad un corpo asciutto;
- evitare che si addormenti, somministrandogli
caffè o thè (non bevande alcoliche);
- frizionare con acqua prima fredda, poi tiepida la
parte assiderata.

CAPO XVIII

COMPORTAMENTO del MILITARE in GUERRA

79. Generalità

Le regole e le principali norme sul modo di comportarsi in caso di conflitto armato sono contenute in apposite CONVENZIONI INTERNAZIONALI e nelle leggi e regolamenti in vigore in ITALIA.
Nel presente Capo vengono richiamate le più importanti, di tali norme, con l'intento di completare il MANUALE con quanto ciascun combattente DEVE conoscere ed applicare individualmente.
I settori esaminati riguardano:
– le proibizioni ed i vincoli (con particolare riferimento all'impiego dei simboli del Servizio Sanitario e all'uso delle armi);
– il comportamento del militare ferito;
– i metodi per sfuggire alla cattura;
– i principi ed i diritti riferiti ai militari prigionieri;

80. Proibizioni e vincoli (con particolare riferimento all'impiego dei simboli del Servizio Sanitario e all'uso delle armi)

a. Non bisogna utilizzare quale "copertura" di azioni belliche i simboli del SERVIZIO SANITARIO

Per l'ITALIA detto simbolo è rappresentato da una CROCE ROSSA su fondo bianco. In genere anche i simboli degli altri Paesi sono di colore rosso, su fondo bianco.

b. È proibito ingannare il nemico simulando la resa (innalzando BANDIERA BIANCA) per poi aprire il fuoco

c. Chiunque prenda parte ad operazioni (o attività) militari è considerato un combattente.
Tuttavia non è ammesso aprire il fuoco contro:
- i cappellani;
- i medici;
- le strutture od i veicoli contrassegnati dai SIMBOLI attestanti la loro appartenenza al SERVIZIO SANITARIO (CROCE ROSSA o simboli corrispondenti)

d. Non si possono, in alcun caso, attaccare civili tranne che essi non compiano atti ostili o prendano parte ad azioni e/o operazioni belliche

e. Non è ammesso attaccare soldati nemici che dimostrano di volersi arrendere

f. Non si può aprire il fuoco contro un pilota che si è lanciato con il paracadute da un aereo colpito. Per contro, si può intervenire contro AVIOTRUPPE anche durante la fase di atterraggio

g. I civili debbono essere trattati con umanità

Essi non possono essere usati quali ostaggi, ovvero in funzione di "scudo" nei confronti di azioni svolte da reparti del loro Paese.

81. Comportamento del militare ferito

Il militare ferito deve innanzitutto mantenere la calma e, finché gli è possibile, continuare a combattere.
In caso di ferite leggere provvede con il pacchetto di medicazione. Ciascuno deve conoscere il proprio gruppo sanguigno e sapere dove si trova il più vicino "posto di medicazione" o "posto raccolta feriti". Quando non è più in grado di continuare il combattimento, ma può camminare, si presenta al Comandante di squadra e raggiunge successivamente con i propri mezzi il posto di medicazione. Quando invece non è più in grado di muoversi, cerca di comunicarlo al commilitone vicino.

82. Metodi per sfuggire alla cattura

a. Il militare catturato in combattimento DEVE cercare di sfuggire alla cattura e rientrare nelle proprie linee.

b. Per rientrare nelle proprie linee è necessario riuscire a:
- camminare;
- nutrirsi;
- riposare.

Bisogna ricordare che:
- in condizioni di precaria alimentazione non si può marciare celermente ed a lunghe tappe;
- senza viveri e acqua le forze cedono rapidamente;
- il riposo è necessario in quantità maggiore del cibo.

c. Le tecniche di fuga differiscono in relazione al "momento" in cui esse debbono essere adottate. Nel presente s/paragrafo vengono illustrati due casi tipici, perché quanto in essi indicato può essere esteso ad altre situazioni:
- fuga appena catturati;
- fuga durante il trasporto verso le retrovie.

d. La fuga appena catturati è certamente l'occasione migliore. Siete stati catturati da truppa che combatte forse da lungo tempo e che risente pertanto della stanchezza; che non conosce, o conosce male le astuzie del "guardiano"; che non rinuncia, o rinuncia molto mal volentieri, al proprio rancio o riposo. Vi è inoltre da considerare che vi trovate ancora sul campo di battaglia o nei pressi di esso.
Inoltre, la vostra uniforme ed il vostro equipaggia-

mento sono pressoché intatti, ed è sempre possibile trovare un'arma qualsiasi e delle munizioni.

Per fuggire è necessario cogliere l'attimo di distrazione delle sentinelle. Se possibile evitare di ucciderle perché il prigioniero che tenta la fuga, in base alle convenzioni internazionali, non può uccidere chi lo sorveglia. In caso di ricattura, quindi, andrebbe incontro a rappresaglie.

Affrettatevi ad impossessarvi delle armi delle sentinelle eventualmente neutralizzate e ad allontanarvi dalla zona il più celermente e lontano possibile. Con il sopraggiungere della notte, della nebbia o comunque dell'occasione favorevole, puntate dritti verso le vostre linee.

e. Per attuare la fuga durante il trasporto verso le retrovie i momenti più propizi sono:
   - il rancio ed i bisogni corporali delle sentinelle;
   - un alt della colonna;
   - il cadere della notte;
   - il periodo precedente all'arrivo ad una tappa, quando tutti sono stanchi (prigionieri e sentinelle).

Una volta iniziata la fuga, piuttosto che mettersi a correre in una direzione qualunque è opportuno cercare di nascondersi in una buca, dietro un cespuglio, in mezzo a del bestiame, o del fieno, ed uscire quando la colonna si è ormai allontanata.

Nel caso si verificasse una fuga contemporanea di più prigionieri, non fuggite tutti nella stessa direzione.

Avrete migliori probabilità di riuscire impegnando più direzioni. Ricordate comunque che, una volta iniziata la fuga, non bisogna più tornare sulla decisione o titubare: l'esito della ricattura è sempre molto incerto.

Durante un trasferimento su automezzi, ovvero in treno, è opportuno attendere le ore notturne o la nebbia, quando il veicolo rallenta per una salita o una curva. Cercate di cadere con capovolta ed attendere che il convoglio si sia allontanato prima di rialzarvi ed allontanarvi. Attenzione che se si tratta di automezzi, al primo allarme si arresteranno ed è quindi indispensabile che il terreno consenta riparo e movimento al coperto.

83. Principi e diritti riferiti ai militari prigionieri

a. Principi

– Il militare è tenuto a combattere fino all'estremo delle sue forze ed a lottare con tutti i suoi mezzi per non cadere nelle mani del nemico e, se catturato, deve tentare immediatamente di sfuggire alla cattura (cfr. precedente para. 82).
Colui che si arrende quando esistano ancora possibilità di successo viene macchiato di codardia ed infamia e commette, inoltre, uno specifico reato previsto dal CODICE MILITARE di GUERRA.

– I legittimi combattenti di uno Stato belligerante, caduti in potere del nemico, hanno diritto al particolare trattamento dei prigionieri di guerra previsto dalle Convenzioni internazionali, (ultima la III Convenzione di Ginevra del 12.8.1949).
La prigionia di guerra è una violenza materiale

esplicata contro il combattente avversario, mediante la quale quest'ultimo viene sottratto, contro la sua volontà, al proprio Stato di appartenenza e custodito onde impedirne la fuga.

Il prigioniero non ha obbligo di evitare la fuga e, se riesce ad evadere ed a ritornare nelle file del suo esercito, non sarà passibile, ove nuovamente fatto prigioniero, di pena alcuna per l'evasione. Un prigioniero che è ripreso prima di essere riuscito nel tentativo di evasione può essere perseguito soltanto disciplinarmente.

b. Diritti
- I prigionieri non possono essere rinchiusi in carcere come malfattori, ma essere internati in luoghi militarmente custoditi per evitarne l'evasione. I soldati prigionieri possono essere adibiti a determinati lavori manuali, purché compatibili con le loro qualità e, in ogni caso, non richiedenti alcuna prestazione ·contro lo Stato di appartenenza.
- I prigionieri ammalati o feriti devono essere soccorsi e curati.
- Il militare caduto prigioniero è tenuto a dichiarare soltanto il proprio NOME e COGNOME, il proprio GRADO ed il NUMERO di MATRICOLA. Ha l'assoluto DOVERE di non fornire altre notizie di carattere militare (unità di appartenenza, nomi dei superiori, ecc.).

***